耿娜娜◎著

传统村落

旅游与乡村振兴的理论与实践

——基于山西三大旅游板块的实证分析

CHUANTONG CUNLUO
LÜYOU YU XIANGCUN ZHENXING DE LILUN YU SHIJIAN
Jiyu Shanxi Sanda Lüyou Bankuai de Shizheng Fenxi

重庆大学出版社

图书在版编目（CIP）数据

传统村落旅游与乡村振兴的理论与实践：基于山西
三大旅游板块的实证分析／耿娜娜著. -- 重庆：重庆
大学出版社，2022.10
ISBN 978-7-5689-3569-2

Ⅰ.①传… Ⅱ.①耿… Ⅲ.①乡村旅游—旅游业发展
—研究—中国②农村—社会主义建设—研究—中国 Ⅳ.
①F592.3②F320.3

中国版本图书馆 CIP 数据核字（2022）第 205105 号

传统村落旅游与乡村振兴的理论与实践
——基于山西三大旅游板块的实证分析

耿娜娜 著
责任编辑：龙沛瑶 版式设计：龙沛瑶
责任校对：王 倩 责任印制：张 策

*

重庆大学出版社出版发行
出版人：饶帮华
社址：重庆市沙坪坝区大学城西路 21 号
邮编：401331
电话：（023）88617190 88617185（中小学）
传真：（023）88617186 88617166
网址：http://www.cqup.com.cn
邮箱：fxk@ cqup.com.cn（营销中心）
全国新华书店经销
重庆市联谊印务有限公司印刷

*

开本：720mm×1020mm 1/16 印张：13.5 字数：194 千
2022 年 10 月第 1 版 2022 年 10 月第 1 次印刷
印数：1—1 000
ISBN 978-7-5689-3569-2 定价：60.00 元

前　言

　　传统村落是在长期的农耕文明传承过程中逐步形成的不可再生的文化遗产,是农耕文明的精髓和中华民族的根基,蕴藏着丰富的历史文化信息与自然生态景观资源,是我国乡村历史、文化、自然遗产的"活化石"和"博物馆"。为促进传统村落的保护和发展,2012 年,我国正式启动了对传统村落的全面调查,制订了传统村落评价认定指标,建立了传统村落保护名录。截至 2021 年 12 月,共公布了五批中国传统村落名录,6 819 个传统村落列入其中,涵盖全国所有省份下 272 个地级市。

　　乡村振兴是近年来我国持续推进的重要战略之一,该战略是着眼于党和国家事业的全局,在深切掌握乡村现代化建设规律和城乡变化关系的基础之上,顺应亿万乡村居民对美好生活的向往作出的重大决策部署。尤其是在 2021 年全国脱贫攻坚取得重大胜利的背景下,促进乡村高质量发展,实现经济、社会、文化、生态等各方面协调发展,对于乡村振兴战略的进一步推进有重大意义。传统村落作为我国优秀传统文化的重要代表之一,是实施乡村振兴战略的重要载体和不可忽视的资源。党的十九大报告《中共中央国务院关于实施乡村振兴战略的意见》中提到"划定乡村建设的历史文化保护线,保护好文物古迹、传统村落、民族村寨、传统建筑、农业遗迹、灌溉工程遗产"。可见,党中央对传统村落提出了明确要求,在推进乡村振兴过程中,传统村落既是保护对象,又是独特的发展资源,保护发展传统村落是实施乡村振兴战略的主要任务之一。乡村振兴战略的实施为传统村落保护与发展提出了新思路,在乡村振兴战略背景下,积极开展传统村落保护与活化是传承中华优秀传统文化的有效途径,更是实现全体人民共同富裕的必然选择。

　　村落空心化、人口老龄化及人口单向外流是传统村落振兴的现实困境。产业兴则村落兴,产业兴旺是留住村民、保存乡土传统文化、实施乡村振兴战略的重中之重。在城镇化进程不断加快的今天,传统村落由于其独特的建筑、丰厚的非物质文化资源以及原生态景观而日益成为具有较强吸引功能的旅游目的地。旅游产业因较小的消耗投入和较低的环境成本而被认为是"天然"的可持续发展优势产业,正在成为推动传统村落发展的重要力量,成为实现传统村落遗产保护与社区发展兼容的最佳产业选择之一。

山西地理环境复杂,为传统村落的形成与空间分布提供了多元的原生环境,使山西传统村落的空间分布与景观意象具有明显的地域特色,其中三大旅游板块的传统村落景观形态各具特色,空间分异明显。本书分上下篇,上篇主要对传统村落旅游与乡村振兴理论进行阐述,重点阐述了乡村振兴战略下传统村落的保护与发展、传统村落的旅游功能以及旅游驱动下传统村落的振兴等内容;下篇对山西省三大旅游板块传统村落的旅游与乡村振兴进行实证研究,主要对三大旅游板块的传统村落空间分布特征、景观特征及旅游发展现状进行了分析,并在此基础上探讨三大旅游板块传统村落旅游发展与振兴的措施,为传统村落遗产保护、文化传承与旅游高质量发展提供科学有效的路径选择。同时还对传统村落旅游与乡村振兴的相关政策进行了梳理,以期为传统村落的旅游与乡村振兴提供政策保障。

作者对传统村落旅游与乡村振兴的研究得到了山西省科技厅软科学研究项目"三大旅游板块传统村落空间分异与旅游发展对策研究"(2018041014-5)、山西省社科联重点课题"山西省传统村落的乡村振兴研究"(SSKLZDKT2019110)的资助。在此,对参与课题研究的邵秀英、郝从容、刘丽娜等课题组成员表示感谢。

太原师范学院

耿娜娜

2021 年 12 月于太原

目　录

上篇

传统村落旅游与乡村振兴理论研究

1

绪　论

第一节　研究背景与研究意义

传统村落承载着中华传统文化精华,凝聚着中华民族精神,保留着民族文化的多样性。习近平总书记在党的十九大报告中指出,要推动中华优秀传统文化创造性转化、创新性发展。实施乡村振兴战略是传承中华优秀传统文化的有效途径。传统村落作为我国优秀传统文化的重要代表之一,保护与发展传统村落是实施乡村振兴战略的具体要求。

一、研究背景

(一)国家高度重视传统村落的保护发展

传统村落作为重要的乡村类型和文化载体,是我国全面建成小康社会、实现社会主义现代化和中华民族伟大复兴的重要组成部分。2013 年习近平总书记在湖北考察时指出,建设美丽乡村,不能大拆大建,特别是传统村落要保护好。2013 年在浙江召开的全国改善农村人居环境工作会议上,汪洋副总理在会议讲话中要求,各级政府和有关部门要高度重视传统村落保护工作。近年来,我国不断出台加强传统村落保护的指导意见,加大传统村落保护力度。2014 年中央一号文件提出要"制定传统村落保护发展规划,抓紧把有历史文化等价值的传统村落和民居列入名录,切实加大投入和保护力度"。2021 年中央一号文件明确要求,加强村庄风貌引导,保护传统村落、传统民居和历史文化名村名镇,加大农村地区文化遗产遗迹保护力度。

(二)传统村落的保护发展面临严峻挑战

城镇化进程中,越来越多的传统村落被破坏甚至消失,随着旅游业快速发展,古朴的风貌、淳朴的民风民情以及诸多以少数民族村寨为代表的传统村落,受到旅游者追捧,也迅速进入了旅游业开发的范畴。但传统村落在旅游业开发的过程中,一开始就面临资源开发与保护、外来投资商与社区居民关系等矛盾。参与传统村落开发的外来投资方虽然能在短时间内把传统村落推向旅游市场,却往往不利于传统村落的保护以及可持续发展。而另一些传统村落由于开发技术落后,经济发展滞后,年轻村民流失,仅剩一些老人留守,"空巢"现象严重,导致没有能力也没有资金修缮,基础设施薄弱,传统村落变得脆弱,毁坏现象较为严重。

(三)传统村落是乡村振兴的重要组成部分

传统村落作为乡村的一部分,应依据乡村振兴战略目标加快发展,实现产业兴旺、乡风文明、生态宜居和生活富裕,并注重发展产业支撑、文化传承、传统风貌、基础配套设施等。乡村振兴战略规划明确提出"对于特色保护类村庄,比如历史文化名村、传统村落、少数民族特色村寨、特色景观旅游名村等自然历史文化特色资源丰富的村庄,是彰显和传承中华优秀传统文化的重要载体。要坚持统筹保护、利用与发展的关系,努力保持村庄的完整性、真实性和延续性。切实保护村庄的传统选址、格局、风貌以及自然和田园景观等整体空间形态与环境,全面保护文物古迹、历史建筑、传统民居等传统建筑。尊重原住居民生活形态和传统习惯,加快改善村庄基础设施和公共环境,合理利用村庄特色资源,发展乡村旅游和特色产业,形成特色资源保护与村庄发展的良性互促机制"。

(四)传统村落发展旅游是乡村振兴的新路径

在乡村振兴战略发展背景下,传统村落以其自身具备完善的传统民俗建筑风貌、独特的地理位置以及能够承载人们传统栖居的情感等优势逐渐重新回归人们的视野,成为旅游开发的重要资源,其独特的建筑风格、传统文化内涵、美丽的田园风光以及当地特有的农副产品,可以吸引大量的旅游者。传统村落所承载的具有特殊地域特色的物质文化与非物质文化遗产的资源禀赋,在新时期探索以旅游带动产业兴旺具有不可比拟的比较优势。产业兴旺是实现乡村振兴战略的突破点,它直接影响着产业发展、村民收入和乡村劳动力的就业问题。

因此,旅游发展符合乡村振兴战略对传统村落的发展要求。

旅游为传统村落实现活化和发展,提供了一种全新高效的路径,也给传统村落带来多方面的积极影响,使村落经济、文化、环境等获得了动态的、长期的保护。科学适度的旅游发展对传统村落民居与传统建筑的保护和更新起到了有效促进作用;对当地的基础设施建设、村容村貌的改善以及农民收入的提高也有极大的促进作用;同时也使得村落的民俗文化、传统技艺等得到了复兴与发展。传统村落旅游发展还具有很强的产业关联性和带动效应,会带来传统村落中的社会经济、政治、文化等一系列的发展、进步和提高。因此,激发传统村落业态活力,实现传统村落旅游发展,恢复传统村落的文化自信,是新时代乡村振兴的新路径。

如何利用好传统村落历史文化遗产等旅游资源,协调保护与开发的关系,助力乡村振兴是亟待解决的问题。在现有条件下,我们应该重新审视传统村落的村情、村容和村貌,珍惜传统村落宝贵的旅游资源,科学开发利用和保护,增强传统村落旅游的吸引力和竞争力,助推传统村落的产业结构转型升级和经济快速发展,实现乡村的全面振兴。

二、研究意义

(一)理论意义

传统村落是我国宝贵的历史文化遗产,保留着大量具有独特文化价值的文化遗产,保护与开发价值较高。乡村振兴战略发展背景下,传统村落中独具地域特色和民族风格的乡土文化是当下实施乡村振兴战略的主要抓手之一,更是新时代推进乡村振兴战略不可忽视的极为重要的资源与潜在力量。传统村落成为旅游开发的重要资源,结合传统村落旅游发展的现状与存在的问题,寻找与乡村振兴相适应的传统村落旅游发展模式,建立传统村落旅游保护性开发与乡村振兴的良性机制与途径,为传统村落经济建设和文化传承提供依据和借鉴,丰富我国遗产资源管理理论,为遗产旅游开发管理提供理论与实践指导。

山西省传统村落在三大旅游板块的分布不平衡,且保护与开发利用起步时间各异,因此不同板块的传统村落旅游发展与振兴现状存在较大差异。通过对三大旅游板块传统村落的空间分布、旅游发展的差异性以及旅游开发对策的研究,既可以看出山西省传统村落整体旅游发展格局,为各板块传统村落的旅游业发展规划提供参考依据,又能为山西省乃至国内传统村落的旅游可持续发展提供理论与实践指导。

(二)实践意义

1.促进传统村落旅游的保护性开发

传统村落是我国重要的文化载体,是丰富的民间文化生存和发展的根基,是农耕文明的“活化石”。近年来,随着经济的高速发展和城镇化的推进,现代工业文明带来的快捷方便正在取代传统村落的原始风貌和生活方式,对传统文化造成不小的冲击,传统村落的数量也在逐年减少,通过对传统村落旅游发展与振兴的研究,提出传统村落旅游发展与振兴的措施,为传统村落的旅游发展与乡村振兴提供指导和借鉴,并且提高全社会对传统村落旅游开发与保护的意识,实现传统村落旅游可持续良性发展。

2.促进传统村落的乡村振兴

乡村经济的发展和转型是乡村振兴的重要指标和依赖路径,而乡村经济的发展和转型必须依托乡村的特有资源。传统村落是现代化过程中中华文明所遗留的文化与历史宝藏,也是农村物质文明与非物质文明之间的现实载体。传统村落大多选在自然景观秀美,又有人文特点之处。更为重要的是,传统村落的民居建筑大多保持古风古韵、富于变化,与周围的山水环境融合统一,是民众保持亲近自然的方式,体现出人与自然的和谐。从经济价值来看,传统村落属于较为稀缺的市场资源,对其开发能带来可观的经济利益。从资源开发的费效来看,传统村落是一种高价值资源。从资源的稀缺程度来看,传统村落是一种稀缺资源。因此,在有效保护的前提下,适度开发传统村落资源,对促进乡村经济发展、产业转型、提升村民生活水平具有极为重要的意义。

3.助力三大旅游板块的发展

通过对三大旅游板块传统村落的空间分布、景观特征以及旅游开发的研究,对山西省传统村落的旅游开发环境条件作出正确认识和科学评价,为传统村落旅游开发奠定基础,同时助力三大旅游板块的发展。

第二节　相关概念

一、聚落

聚落是人类各种形式的聚居地的总称,既是人们居住、生活、休息和进行各种社会活动的场所,也是人们进行生产的场所,分为城市聚落和乡村聚落。聚落约起源于旧石器时代中期,随着人类文明的进步逐渐演化。在原始公社制度下,以氏族为单位的聚落是纯粹的农业村社。进入奴隶制社会后,居民不直接依靠农业营生的城市聚落出现。但是在奴隶制社会和封建制社会,商品经济不占主要地位,乡村聚落始终是聚落的主要形式。进入资本主义社会以后,城市聚落广泛发展,乡村聚落逐渐失去优势而成为聚落体系中低层级的组成部分。

聚落作为人类适应、利用自然的产物,是人类文明的结晶,其外部形态和组合类型无不深深打上了当地地理环境的烙印。同时,聚落又是重要的文化景观,在很大程度上反映了区域的经济发展水平和风土民情。

二、乡村聚落

乡村聚落是指乡村地区人类各种形式的居住场所,是居民以农业为经济活动主要形式的聚落,是农村居民与周围自然、经济、社会、文化环境相互作用的现象与过程,既是人们居住、生活、休息和进行各种社会活动的场所,又是人们进行生产劳动的场所,一般有农舍、牲畜棚圈、仓库场院、道路、水渠、宅旁绿地以及特定环境和专业化生产条件下的附属设施。小村落一般无服务职能,中心村落则有小商店、小医疗诊所、邮局、学校等生活服务和文化设施。随着现代城市化的发展,在城市郊区还出现了城市化村落这种类似城市的乡村聚落。

伴随着城镇化和工业化进程,乡村聚落面临着环境恶化、传统建筑破败、地域特征丧失、空间秩序混乱、村落城市化和空心化等严峻问题,乡村聚落作为社会经济发展的空间载体正面临剧烈分化与重组。随着我国乡村振兴战略的实施,乡村聚落的意义与价值需要被重塑①。

三、乡村扶贫

我国高度重视乡村减贫扶贫工作,出台并实施了一系列中长期扶贫规划,从救济式扶贫到开发式扶贫再到精准扶贫,探索出了一条符合我国国情的乡村扶贫开发道路,特别是党的十八大以来,把扶贫开发工作纳入"五位一体"总体布局和"四个全面"战略布局,全面打响了脱贫攻坚战,农村贫困人口大幅减少,贫困群众生活水平大幅提高,贫困地区面貌明显改善,脱贫攻坚取得历史性重大成就。2021年,我国脱贫攻坚战取得了全面胜利,现行标准下9 899万农村贫困人口全部脱贫,832个贫困县全部摘帽,12.8万个贫困村全部出列,区域性整体贫困得到解决,完成了消除绝对贫困的艰巨任务,我国乡村扶贫政策、关键节点总结见表1-1。

表 1-1　我国乡村扶贫政策、关键节点总结

时　间	政策、关键节点	内　容
1994 年	《国家八七扶贫攻坚计划（1994—2000 年）》	力争用7年左右时间基本解决全国农村8 000万贫困人口的温饱问题,这是我国第一个有明确目标、明确对象、明确措施和明确期限的扶贫开发行动纲领

① 赵印泉,伍婷玉,杨尽,等.中国乡村聚落研究热点演化与趋势[J].中国城市林业,2021(5):89-93,140.

续表

时　间	政策、关键节点	内　容
1997 年	党的十五大报告	从多方面采取措施,加大扶贫攻坚力度,到 20 世纪末基本解决农村贫困人口的温饱问题
2001 年	《中国农村扶贫开发纲要(2001—2010 年)》	标志着我国扶贫工作进入巩固扶贫成果、提高发展能力、缩小发展差距的综合开发阶段,并把贫困人口集中的中西部少数民族地区、革命老区、边疆地区和特困地区作为扶贫开发的重点
2002 年	党的十六大报告	提高扶贫开发水平,加大对革命老区、民族地区、边疆地区、贫困地区发展扶持力度
2007 年	党的十七大报告	改革开放使人民生活从温饱不足发展到总体小康,农村贫困人口从两亿五千多万减少到两千多万,扶贫攻坚任务继续向纵深发展
2011 年	《中国农村扶贫开发纲要(2011—2020)》	提出建立健全扶贫对象识别机制,做好建档立卡工作,实行动态管理,并明确把连片特困地区作为主战场
2012 年	党的十八大报告	深入推进新农村建设和扶贫开发,全面改善农村生产生活条件
2013 年	习近平总书记在湖南考察	首次提出"精准扶贫"概念
2013 年	《关于创新机制扎实推进农村扶贫开发工作的意见》	对精准扶贫战略和相关政策体系进行了顶层设计
2015 年	《中共中央 国务院关于打赢脱贫攻坚战的决定》	正式把精准扶贫、精准脱贫作为扶贫开发的基本方略
2017 年	党的十九大报告	明确提出了"坚决打赢脱贫攻坚战"的战略任务
2019 年	党的十九届四中全会	对脱贫攻坚作出新部署,强调要"坚决打赢脱贫攻坚战,建立解决相对贫困的长效机制"
2021 年	全国脱贫攻坚总结表彰大会	我国脱贫攻坚战取得全面胜利

四、乡村旅游扶贫

　　旅游扶贫即通过开发贫困地区丰富的旅游资源,兴办旅游经济实体,使旅游业成为区域支柱产业,实现贫困地区居民和地方财政双脱贫致富。旅游扶贫是国家精准扶贫计划中一项十分重要的内容,是精准扶贫的新引擎。旅游业从业门槛低,收益可观,既符合"大众创业,万众创新"的需求,又符合乡村振兴的时代主题,已经有越来越多的贫困地区通过发展旅游业走上了脱贫致富的道路。

　　乡村旅游既是农民就业的重要渠道之一,也已成为有效吸纳贫困人口就业的主要途径,进而逐渐成为农村贫困人口脱贫的重要力量。乡村已成为旅游扶贫的主阵地。乡村旅游扶贫是精准扶贫的一种非常有效的方式,它和一般的输入式的扶贫方式不同,是一种"授人以渔"的扶贫方式。经济发展水平低的贫困地区产业基础薄弱,迫切需要寻求某种产业发展的推力,乡村旅游的发展会形成人流、物流、信息流和资金流,由城市自发且持续地向农村传输,发挥旅游乘数效应,达到发展经济的目的,成为贫困地区发展的推力,我国涉及乡村旅游扶贫内容的相关政策总结见表 1-2。

表 1-2　我国涉及乡村旅游扶贫内容的相关政策总结

时　间	政　策	主要内容
2015 年	《国务院关于促进旅游业改革发展的若干意见》	大力发展乡村旅游,加强乡村旅游精准扶贫,扎实推进乡村旅游富民工程,带动贫困地区脱贫致富
2015 年	《国务院办公厅关于进一步促进旅游投资和消费的若干意见》	加大对乡村旅游扶贫重点村的规划指导、专业培训、宣传推广力度。到 2020 年,全国每年通过乡村旅游带动 200 万农村贫困人口脱贫致富;扶持 6 000 个旅游扶贫重点村开展乡村旅游,实现每个重点村乡村旅游年经营收入达到 100 万元
2015 年	《农业部等 11 部门关于积极开发农业多种功能大力促进休闲农业发展的通知》	支持农民发展农家乐,闲置宅基地整理结余的建设用地可用于休闲农业。鼓励利用"四荒地"(荒山、荒沟、荒丘、荒滩)发展休闲农业,对中西部少数民族地区和集中连片特困地区发展休闲农业,其建设用地指标给予倾斜

续表

时　间	政　策	主要内容
2016 年	中央一号文件	强化规划引导,扶持休闲农业与乡村旅游业发展,扶持农民发展休闲旅游业合作社。引导和支持社会资本开发农民参与度高、受益面广的休闲旅游项目
2016 年	《关于金融助推脱贫攻坚的实施意见》	支持能吸收贫困人口就业、带动贫困人口增收的乡村旅游等特色产业发展。有效对接特色农业基地、现代农业示范区、农业产业园区的金融需求
2016 年	《乡村旅游扶贫工程行动方案》	确定了乡村旅游扶贫工程的五大任务,提出了实施乡村旅游扶贫八大行动
2016 年	《"十三五"脱贫攻坚规划》	在产业发展脱贫的规划中,提出了因地制宜发展乡村旅游、大力发展休闲农业、积极发展特色文化旅游
2017 年	中央一号文件	大力发展乡村休闲旅游产业,扎实推进脱贫攻坚
2017 年	《关于深入推进农业领域政府和社会资本合作的实施意见》	将农业田园综合体作为聚焦重点,支持有条件的乡村建设以农民合作社为主要载体,让农民充分参与和受益的田园综合体,推进农业领域 PPP 工作
2017 年	《农业部办公厅关于推动落实休闲农业和乡村旅游发展政策的通知》	旨在促进引导休闲农业和乡村旅游持续健康发展,培育农业农村经济发展新动能,壮大新产业新业态新模式,推进农村一二三产业融合发展
2018 年	中央一号文件	积极开发观光农业、游憩休闲、健康养生、生态教育等服务
2018 年	《中共中央 国务院关于打赢脱贫攻坚战三年行动的指导意见》	加大产业扶贫力度,因地制宜加快发展对贫困户增收带动作用明显的种植养殖业、休闲农业和乡村旅游等产业,积极培育和推广有市场、有品牌、有效益的特色产品
2018 年	《促进乡村旅游发展提质升级行动方案(2018 年—2020 年)》	实施"三区三州"等深度贫困地区旅游基础设施改造升级行动计划,在"十三五"文化旅游提升工程中增补一批旅游基建投资项目,专项用于支持"三区三州"等深度贫困地区旅游基础设施和公共服务设施建设

续表

时　间	政　策	主要内容
2019 年	中央一号文件	充分发挥乡村资源、生态和文化优势,发展适应城乡居民需要的休闲旅游、餐饮民宿、文化体验、健康养生、养老服务等产业。加强乡村旅游基础设施建设,鼓励社会力量积极参与,将农村人居环境整治与发展乡村休闲旅游等有机结合

五、乡村振兴

　　打赢脱贫攻坚战后,我国扶贫任务的重心从解决绝对贫困转向解决相对贫困,"三农"工作重心转向全面推进乡村振兴,推动减贫战略和工作体系平稳转型,统筹纳入乡村振兴战略,推进全面脱贫与乡村振兴有效衔接,全力让脱贫群众迈向富裕。乡村振兴与精准扶贫的区别在于:精准扶贫的主要任务是确保现行标准下的贫困人口如期全部脱贫,成功脱贫之后不"返贫",贫困县全部"摘帽",基本解决区域性整体贫困的问题,进而为全面建成小康社会夯实基础。精准扶贫直面的是与贫困人口生活息息相关的最基本、最迫切的问题,如"两不愁三保障"的生活标准。而乡村振兴的主要任务是统筹协调城乡之间发展速度不对等、发展进度不一致的问题,缩小城乡在经济发展、生活质量、科技水平等方面的差距。乡村振兴涉及的内容和对象更加深刻、宽泛,对于村民生活需求的满足不再仅限于基本水平,而是深层次、多维度的生活标准,在对象上也不再局限于贫困人口,而是所有的乡村居民。近年来,习近平总书记关于脱贫攻坚与乡村振兴关系的部分讲话内容见表 1-3。

表 1-3　习近平总书记近年来关于脱贫攻坚与乡村振兴关系的部分讲话内容

时　间	关键节点	内　容
2018 年	中共中央政治局第八次集体学习	打好脱贫攻坚战是实施乡村振兴战略的优先任务。乡村振兴从来不是另起炉灶,而是在脱贫攻坚的基础上推进。确保全面建成小康社会不落一户,首先要增强乡村振兴与脱贫攻坚融合推进的意识

续表

时　间	关键节点	内　容
2021 年	决战决胜脱贫攻坚座谈会	要针对主要矛盾的变化,理清工作思路,推动减贫战略和工作体系平稳转型,统筹纳入乡村振兴战略,建立长短结合、标本兼治的体制机制
2021 年	陕西考察	脱贫摘帽不是终点,而是新生活、新奋斗的起点,要推进全面脱贫与乡村振兴有效衔接

六、传统村落

中华民族传统上是一个农业民族,在对土地、自然的崇拜中形成了人与自然和谐相处的传统文化,将人类看作自然的一部分。传统村落是由村民自发建设经漫长的自然式演进而逐渐形成的。村落中的水系、地形等自然因素对其内部道路形态、走向,建筑选址、朝向乃至整个聚落形态都有重要影响,大多数村落与自然有机融合,共生共存,可明显看出其中"人工"实体元素尊重自然、顺应自然的倾向。

在漫长的历史长河中,传统的生产生活方式存留下大量价值很高的村落,而其中具有代表性的村落被冠以"传统村落"称号。2012 年,由住房和城乡建设部、文化部、财政部联合出台的《关于加强传统村落保护发展工作的指导意见》,对传统村落进行了定义:"传统村落是指拥有物质形态和非物质形态文化遗产,具有较高的历史、文化、科学、艺术、社会、经济价值的村落。"根据定义,传统村落有以下五个特点:①同时具有物质形态和非物质形态;②历史、文化、艺术、社会和经济价值相对比较高;③蕴含了农耕文明等传统文化的精髓;④一旦破坏便不可再生;⑤集中体现了中华 56 个民族的优秀精神,是维系民族认同以及关系的重要链条。传统村落是一种在生活生产中产生的遗产,蕴含着深刻的传统生产生活方式,在一定层面上代表着一种和谐的人类聚居空间形态。

七、传统村落旅游

国内传统村落旅游始于 20 世纪 90 年代,在城镇化背景以及"回归自然""返璞归真"的文化浪潮引导下,原生态青山绿水和农耕文化成为吸引城市游客的亮点。1986 年,北京大学谢凝高先生主持的《楠溪江风景名胜区总体规划》中首次提出了传统村落旅游的概念。随后,湖南张谷英村,浙江苍坡村、芙蓉村、诸葛村,安徽宏村、西递村等相继成为旅游热点。传统村落旅游地的概念也进入旅游学者的视野。2000 年,宏村、西递村成功申报世界文化遗产后,传统村落旅游逐渐成为国人关注的热点。传统村落旅游有以下几个特点。

(一)旅游资源独特,以传统村落特有的建筑、规制和民风民俗为旅游吸引物

传统村落是农村乡土环境的重要见证,是乡村建设和发展的历史缩影,也是传统文化的凝固和遗迹。传统村落可以使人从现代都市的喧嚣中走出来,进入一个田园牧歌式的古老空间,感受"小桥、流水、人家"那种恬静、淳朴、和谐的自然情调,领略东方文化的独特神韵。浓厚的乡村文化和传统村落建筑特色交织在一起,使传统村落旅游具有显著的吸引力。

(二)旅游开发层次不齐,大多处于初级阶段

传统村落的旅游开发相对较晚,除少数传统村落旅游地外,大多是在 20 世纪 90 年代后顺应我国旅游业的迅速发展而得到开发的,还处于初级阶段,主要表现在传统村落的民居旅游点往往只经过简单处理后就开始运作,旅游经济效益在部分传统村落虽然初见成效,但旅游开发的带动作用还不是很明显。许多传统村落旅游尚处于以驴友、背包客、自由行,或摄影、写生为主的专业市场,缺乏市场化开发和相应的旅游管理,传统村落遗产旅游可持续发展任重道远。

(三)旅游资源的易损性使传统村落保护与开发并重

传统村落旅游资源的不可再生性决定了旅游开发要注意保护和开发相结合。传统村落的保护应立足于村落历史的悠久性,村落的完整性,建筑的乡土

性,环境的协调性和典型文化的传承等方面。"以游兴村,以游保村",旅游收入的增加,也使当地政府有更多的资金投入到传统村落的修缮和环境的整治中,这也是传统村落旅游的生命力所在。

第三节　国内外传统村落相关研究

传统村落是在长期的农耕文明传承过程中逐步形成的不可再生的文化遗产,是农耕文明的精髓和中华民族的根基。随着国家对传统村落的日益重视,越来越多的学者投入到传统村落的研究当中,相关的研究成果也逐渐增多,研究范围从个案研究扩展到区域多案例的比较研究,研究对象由传统村落的物质空间形态转向传统村落与人的互动关系,研究领域从空间形态的微观分析转变为结构分析和深度利用,研究方法注重城乡规划、旅游学、社会学和心理学等多学科应用,研究内容主要集中在传统村落的保护研究、旅游发展研究、景观研究以及空间分布、演化研究等方面。

一、传统村落的保护研究

在城镇化转型中加强对传统村落的保护,既是遗产保护的需要,又是新型城镇化的重要内容。2012 年我国传统村落保护工作正式启动,传统村落与物质文化遗产、非物质文化遗产构成我国三大遗产保护体系。而国外很早就开始注重传统村落的保护,1913 年,法国制定了世界上第一部保护文化遗产的法律《历史古迹法》,1964 年《保护文物建筑及历史地段的国际宪章》明确将文物古迹的保护范围扩大到乡村,1976 年《关于历史地区的保护及其当代作用的建议》提出"历史地区"的概念,提出将历史地区与其周围环境看作整体进行保护,保护与文化振兴活动应相辅相成,由此,关于历史地区及其环境整体保护的研究逐渐增多并成熟。1999 年《关于乡土建筑遗产的宪章》指出乡村历史遗迹和古建筑的修复要注重历史文化价值和人文价值。各种保护组织也相继成立,如英国成立了古建筑保护协会,美国成立了历史保护协会,法国、日本也成立了相关的非政府组织,通过参与立法、筹集资金等方式,对传统村落的生产生活方式、主体建筑、文化景观等方面进行保护和修复。

国外对传统村落的保护发展研究是基于历史文化遗产的研究而逐步进行转向的,是逐渐完善与提升的过程。研究视角从单一建筑转向历史村镇的整体性保护,1960 年之前,研究重点多集中于历史遗产建筑单体的修复保护,1960年之后,研究重点转向历史文化村镇的整体保护和发展。

传统村落保护研究在我国学术界起步较晚,始于 20 世纪 80 年代。阮仪三教授在江南水乡古镇首次进行保护规划的编制,历史文化村镇保护逐渐进入学者视野。刘沛林教授首次将传统村落的保护重点从建筑转移到聚落的整体性保护。近年来,随着传统村落的价值不断受到重视,传统村落成了地理学、建筑学、历史学、文化学等领域的研究热点,学者深入研究并积累了大量的案例、方法论与理论基础。在研究手段上,从以描述性研究为主发展到以地方组织、行为模式及社会环境等多元主题共存;在保护重点上,从保护"物质表层"逐步转向传承"文化内涵",其实质是从"物"到"人"研究锚点的转变;在保护层面上,从分散、单一学科视角的独立研究,到综合、交叉学科、多层次的全面研究,最终形成集保护力量、理念、方法全方位发展的研究趋势。

（一）保护方法的研究

冯骥才认为,当下传统村落文化保护方法主要有分区形式、居民博物馆形式、景观形式和生态形式四种,并提出通过请专家参与、使传统村落现代化、以利用代替开发、提高村民的文化自爱与自信等方法,对传统村落进行严格且科学的保护。同时,每个村镇的保护形式应因地制宜并保持个性。王小明探讨了新阶段传统村落整体性保护的方法,包括根据现有遗存做新的规划,将整个传统村落的民俗、自然生态和文化传承保护统一列入规划,建立博物馆、院落精品样板,听取专家的建设性建议等。周乾松提出了一系列传统村落的保护方法,包括加强传统村落申报与定级、实行分类保护与分级管理、出台传统村落保护法规、加大传统村落保护的财政投入、让保护成果惠及全体村民等。在现代科技运用方面,党安荣等运用 RS 与 GIS 等技术,调查与识别传统村落资源的重要性与敏感性,并探讨了科学规划与管理保护传统村落资源的完整性与真实性,最终达到合理利用与永续发展的目标。潘刚等通过分析传统村落的保护原则和特点,阐述了街景技术在传统村落保护中的优越性和应用可能性[①]。

(二)保护主体的研究

童成林提倡由政府主导,对传统村落进行整体保护,构建区域层面的保护格局,并将物质环境更新与村民生活改善相结合。陈振华等总结了台湾传统村落的保护方式,包括避免政府的霸权模式,倡导"自下而上"的社区自我发展,培育乡村社区自发和民间团体主导的模式等。姜勇认为应在延续传统生产生活方式的基础上建立村民参与机制,适度发展特色产业,增加村民收入。也有部分学者认为应建立政府与居民共同保护机制,如周乾松、孔苏颜认为,各级地方政府应各司其职,在加大传统村落保护的财政投入和政策支持力度的同时,由政府部门、人大、人民政协加强督查,并尊重村民自治的权利,让开发成果惠及全体村民或社会共享。

(三)保护对象的研究

陶伟等在句法视角下对广州传统村落进行研究,得出应将空间结构的整体性作为传统村落保护的重点。杨振宇等提出传统村落的保护内容应涉及空间格局和传统建筑两方面,并针对不同的村落类型施行不同的保护模式。谢文海等认为,应针对传统村落的物质文化、非物质文化和生态三个方面进行保护,并实施不同的保护方法。吴威龙提出,对核心保护区、建设控制区、景观风貌协调区分别实施相应的保护措施。孙志国等认为,保护的内容涉及地方性与民族性建筑风貌、少数民族传统医药、遗传资源与生物多样性等。

---

① 邱扶东,马怡冰.传统村落文化遗产保护研究综述与启示[J].中国名城,2016(8):89-96.

（四）保护中存在的问题研究

就传统村落保护开发存在的问题而言，我国学者研究得比较全面。李晓丹等阐述了保护侗族传统村落时存在的问题，包括生产生活方式和家庭结构的改变，空巢现象严重，传统木结构建筑易生火患，受自然侵蚀等。谢佳分析了保护渼陂古村的不利因素，包括居民改造原有住房与保护传统民居的矛盾，传统村落的开发利用与资金缺乏的矛盾，以及建筑材料、工艺的变革与原有建筑风格保留的矛盾。冯骥才认为，传统村落保护的难题在于它现状复杂，需要牵涉政府各分管部门的配合，并且可借鉴的中外经验都极其有限。段威等认为"空心化"现象、"破旧立新"的商业开发和村民无序地"自发更新"，是当前传统村落保护中存在的主要问题。杜超群分析了江西赣县传统村落保护的现状，指出这里存在的主要问题是民居的年久失修、当地政府和村民的思想观念淡薄、当地传统村落旅游发展不规范、村民受益少和交通地理区位不尽理想等方面。李晓静认为传统村落保护与旅游开发存在保护和开发的固有矛盾、产权归属问题和原住民利益保护问题。

二、传统村落的旅游研究

（一）国外研究现状

国外对传统村落旅游的研究较早，欧洲因拥有较为丰富的历史文化遗产，最早开始从事传统村落研究。二战后，在德国和法国海滨地区，为休闲和娱乐而建的农场旅馆引发了流行于欧美发达国家的乡村旅游热潮，这种完全受市场导向影响的旅游形式促进了传统村落旅游的发展。日本在1975年开展了传统村落及历史街区的旅游观光活动，并指出这种旅游应向深层次方向发展。Laurie对伯利兹玛雅村为迎合旅游需求，利用现代化的手段对传统即本土文化商品化的问题作了探讨。此外还有依托名胜发展的传统村落旅游，如印度尼西亚的巴厘岛传统村落。

国外对传统村落旅游的研究内容主要集中在：第一，旅游对传统村落的影响研究，如 Paul F. Wilkinson 以 Pangandaran 的旅游发展为例，运用性别分析框架，探讨了旅游发展对男女不同性别的工作、教育程度等的影响，提出旅游的发展对传统村落有正反两方面的影响，而且这种影响会随着社会阶层而变化，发生变化是因为对性别影响的忽视。Harrison 通过实地调查 Grande Riviere 传统村落旅游，从系统水平、制度水平、相互影响水平三个层次分析传统村落的旅游影响，发现商业化并不是传统村落旅游影响的结果，而是长期的系统发展产物。第二，传统村落社区与旅游研究，如 Leppa 以乌干达 Bigodi 村为例，根据扎根理论进行访谈，发现由于该村收益漏损较低，村民对旅游的负面感知较弱，正面感知较强，因此村民能积极参与村落旅游，由此证明了菲什拜因合理行动理论中态度—行为意图—行为之间的关系。在培育社区参与机制方面，马来西亚的 Kedah 依托传统村落建立了家庭住宿经营合作机制，既使游客获得了马来西亚多元文化的体验，又使村民在社区参与合作中受益。第三，传统村落游客体验研究，如 Zeppel 对加拿大一个印第安人土著村落做实证分析后发现，游客了解传统村落历史、与土著居民接触是影响其土著文化体验的重要因素，因此他提出，土著文化的解译应作为当地印第安人土著村落提高旅游吸引力的关键；Kam Tin 是香港一个有 900 年历史的单姓传统村落，Li 和 Raymond Lap Bong Lo 利用 appeal-robusticity 矩阵调查该村落游客感知和居民承载力感知，发现了该村落文化遗产的旅游潜力和承载力，因此他认为 appeal-robusticity 矩阵是传统村落遗产旅游管理的有效工具。Mearns 等基于游客感知和传统村落旅游从业者感知，利用知识审查工具检查传统村落土著文化的保存程度，认为传统村落可以充当土著文化的代言人。他认为在文化旅游影响下，知识审查可以作为传统村落土著文化变化的检测工具。第四，传统村落的可持续发展研究，如 Peter M. Burns 等以西班牙的 Cuellar 为例，并将它作为国家规划的试点，研究了当地居民对国家制订的可持续发展规划的感知情况，目的是提高旅游目的地的产品质量。Sanjay K. Nepal 以尼泊尔 Annapurna 旅游目的地为例，收集了该地旅游主线路的 489 家旅店能源使用情况,认为要实现旅游目的地可持续发展必须要减少能源对矿物燃料的依赖性,同时提出要协调好旅游开发与整个区域的发展关系。

(二)国内研究现状

传统村落作为承载我国优秀传统文化的空间场所,是不可再生、不可替代的历史文化遗产资源,备受学界的关注。传统村落作为旅游资源进入国内研究者视野最早见于 20 世纪 90 年代初期,发展至今,研究内容系统性逐渐增强,研究热点和特色日益突出,研究领域不断拓展,从最初以地理学、建筑学领域为主的旅游资源描述性研究,逐渐向多领域、多学科交叉研究发展。相关文献围绕传统村落旅游资源、旅游开发与保护、旅游经营管理、旅游社会影响、游客感知及行为规律研究等方面。从探究旅游开发及影响到后续发展策略,形成了完整的传统村落旅游发展研究体系。随着传统村落旅游发展的深入,旅游利益博弈问题、旅游可持续发展研究成为关注的热点,形成了丰硕的理论研究成果。

1.旅游资源研究

传统村落旅游资源研究多集中在传统村落旅游资源的价值、评价、开发与保护等方面,如袁宁等以西递村、宏村为研究区域,用层次分析法对传统村落旅游资源进行了评价。游客感知是评价传统村落旅游资源的一个重要方法。程乾、付俊以浙江传统村落为例,针对传统村落旅游资源的复杂性和多层次性,基于游客感知设计调查问卷,通过层次分析法和模糊综合评判相结合构建了评判指标体系模型。吴冰、马耀峰以陕西省韩城市党家村为例分析了我国传统村落旅游景区开发和保护。

2.旅游开发模式研究

在不同的视角下,传统村落旅游开发模式有多个不同的组合。从投资主体看,有外部介入性开发与内生性开发模式,齐学栋引入"社会资本"概念,认为内生性开发由于能自觉或不自觉地利用其内部社会资本,在传统村落旅游开发过程中较外部介入性开发能取得更好的效果;陈腊娇等从实证角度比较了诸葛村与郭洞村各自开发模式的效果,发现内生性开发模式在传统村落旅游资源开发中有明显的优势,如果处理得当,会是传统村落旅游开发的最佳模式。范生姣在对传统村落保护发展模式进行探究时,总结了黔东南州传统村落的保护开发模式主要有四种:生态博物馆模式、社区参与旅游开发模式、特色产业带动发展模式、生态农业自主发展模式。

3.旅游开发与保护研究

旅游开发是把双刃剑,既可以促进传统村落发展,又可能破坏其脆弱的自然与文化生态。在旅游开发的前提下如何搞好传统村落保护?朱良文通过比较传统村落旅游规划与保护规划的实施效果,发现合理的旅游规划方法比单纯的保护规划更有利于传统村落保护。周志雄以俞源古村为例,提出应依据相关保护管理办法,及时编制传统村落保护区的控制性详细规划。王云才等基于传统村落整体人文生态系统的原真性,分析了传统村落的保护控制机制。面对旅游开发带来的繁杂影响,刘德谦解析了古镇保护与旅游利用的良性互动,认为坚持旅游利用是保护古镇的最佳方式,旅游开发必须保护古镇原生性、完整性、真实性与多样性,且还需注意对古镇空间格局的保护,倡导编制先期做好概念性规划。还有许多研究者提出,应摸清传统村落资源家底,挖掘文化内涵,从而在旅游开发前提下搞好传统村落保护。

4.旅游经营管理研究

马智胜等以流坑村为例,从定位、投资者、管理系统、经营4个方面对流坑旅游资源营运的创新性进行了探讨。利益相关者是传统村落运营模式研究的主体。申秀英等依据共生理论提出旅游企业之间界面畅通,才能延伸产业价值链。纪金雄研究了传统村落旅游利益主体的利益诉求,冯淑华利用生态学的共生理论确立了传统村落的共生单元等。李进兵、何敏研究了民族村寨旅游发展的困境——精英脱离,它导致民族村落旅游人力资本和资金资本的流失以及旅游发展控制权的丧失。

5.旅游影响与可持续发展研究

传统村落旅游影响关注的对象主要是处于弱势一方的村民。如徐克帅等研究了不同性别对旅游开发的感知差异,周春发研究了传统村落旅游场域中当地居民日常抵抗的行动逻辑。传统村落旅游影响主要体现在传统村落的社会、文化、经济、环境等方面。对处于发展初期阶段的传统村落旅游来说,其文化影响以正面影响为主。就传统村落旅游地居民对旅游影响感知来看,居民的正面感知比较强烈,负面感知较弱,且不同居民的感知差异明显,对此,研究者依据Doxey的旅游发展阶段理论进行了解释,并分析了居民感知差异的原因。

6.游客感知及行为规律研究

传统村落游客感知价值是传统村落游客在感知利得和利失的基础上,对传统村落旅游环境所提供的传统村落旅游产品或旅游服务满足其旅游需要程度的总体评价。李文兵、张宏梅构建了传统村落游客感知价值概念模型,并以张谷英传统村落为例进行了实证研究。冯淑华、沙润认为游客"真实感—满意度"与忠诚度关联显著,影响重游率和正面宣传。李文兵认为游客感知影响传统村落旅游主题定位与策划,邱燕等认为提升传统村落旅游服务质量是传统村落旅游可持续发展的关键。还有学者从居民与游客感知角度分析旅游活动给传统村落经济发展、社会文化、生态环境带来的影响,并评估农户对旅游开发的适应程度,探究影响居民参与旅游开发的各方面因素。

三、传统村落的振兴研究

尽管乡村振兴是我国近几年提出的战略,但国外对乡村复兴和乡村振兴等类似概念已有一定的研究及成果。国外学者在乡村振兴的要素、主体等方面提出了各自的见解,如美国学者 Gladwin C H 等对北佛罗里达农村企业家进行研究,得出农民创业精神是农村振兴的一个关键因素;Greene M J 通过分析农业多元化发展倡议,确定政府在乡村振兴中的主导地位。Westlund. H 等学者基于赫希曼的"退出声音"理论,以中国小关村和瑞典的 Are 为例,对农村人口减少过程的反应方式进行研究,认为农村社区有必要通过有效的农村复兴和乡村振兴战略来满足衰退的条件,包括人口减少,研究结果展示了当地利益相关者在这些需要改善生活条件和增加就业机会的地方的强烈"声音":如何将人们和团体聚集在一起,鼓励他们以共同的价值观和态度共同努力;并强调不仅要恢复经济,还要创造理想的农村生活方式。

乡村振兴战略是党的十九大针对我国国情和广大乡村现状提出的战略,自2017年乡村振兴战略提出后,学者们对乡村振兴战略的思想内容、战略要义和实施路径进行了全方位的研究,针对"产业兴旺、生态宜居、乡风文明、治理有效、生活富裕"的总要求进行了深入剖析,让乡村振兴战略更好地为解决"三农"问题服务。学者们把传统村落和乡村振兴结合起来进行研究的相关文献已有250余篇,主要进行乡村振兴战略下传统村落的保护、产业发展、民俗文化传承及公共空间等方面的研究。许少辉、董丽萍等指明了乡村振兴战略下传统村落产业发展的必要性,基于"苏南模式""中原模式"等有效发展经验以及传统村落产业发展存在的"千村一面"、村民就业困难等问题,提出了以村民为发展中心、均衡发展、因地制宜、特色发展等产业发展建议;韩雪娇指出了传统村落民俗文化正在流失的现状以及民俗文化资源保护的重要性,探讨乡村振兴背景下如何避免民俗文化被商业化和同质化,提出了传统村落民俗文化健康发展的新途径;范勇、袁赟、王林申等解析了传统乡村聚落的形态与空间功能、肌理和空间尺度、格局与景观变化,并以河北省磁县徐家沟传统村落为例,以传统元素恢复与文化重建、空间形态与聚落肌理构建、叙事景观建设与空间延展等为重点探索传统村落空间的重塑与再生,并从城镇化、乡土特色、地域文化、公众参与等角度对传统村落空间重塑与再生展开进一步的探讨。这些研究为乡村振兴战略规划下传统村落的研究提供了理论基础与研究方向。

山西省是传统村落资源大省,省市县各级政府十分重视传统村落的保护与发展,在政策层面出台了《山西省传统村落保护条例》,《山西省传统村落传统院落传统建筑保护条例》也正在论证过程中,在美丽乡村、乡村振兴战略中,传统村落均被列为重点对象。学者们主要对山西传统村落保护利用进行了研究,但作为乡村振兴的特殊类型,对传统村落乡村振兴的模式和路径的研究相对较少,与山西省数量众多的传统村落保护发展以及乡村振兴发展要求不相吻合。

2

第二章

传统村落与乡村振兴

第一节　传统村落概述

一、传统村落发展概况

传统村落是指拥有物质形态和非物质形态文化遗产,具有较高的历史、文化、科学、艺术、社会、经济价值的村落。传统村落是在长期农耕文明传承过程中逐步形成的不可再生的文化遗产,是农耕文明的精髓和中华民族的根基,蕴藏着丰富的历史文化信息与自然生态景观资源,是我国乡村历史、文化、自然遗产的"活化石"和"博物馆",是中华传统文化的重要载体和中华民族的精神家园。

为促进传统村落的保护和发展,2012 年,国家正式启动了传统村落的全面调查,收录了全国各地上报的 1.2 万个传统村落的信息,成立了以冯骥才先生为主任委员的传统村落保护和发展专家委员会,制订了传统村落评价认定指标,初步建立了中国传统村落保护名录,进入名录的传统村落成为国家保护的重点。传统村落与物质文化遗产、非物质文化遗产构成我国三大遗产保护体系。

2012 年,住房和城乡建设部、文化部、财政部组织开展了全国第一次传统村落摸底调查,在各地初步评价推荐的基础上,经传统村落保护和发展专家委员会评审认定并公示,确定了第一批共 646 个具有重要保护价值的村落列入中国传统村落名录。2013 年,三部门启动了传统村落补充调查和推荐上报工作,确定第二批中国传统村落名录 915 处。2014 年,第三批中国传统村落名录 994 处公布。2016 年第四批中国传统村落名录公示,1 598 个村落列入其中。2018年,第五批中国传统村落名录公示,2 666 个村落入选。至 2021 年年底,全国共有传统村落 6 819 个,涵盖全国所有省 272 个地级市、43 个民族。传统村落在全国各省(市)的分布情况如图 2-1 所示。

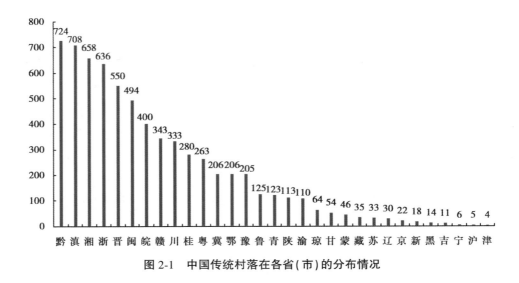

图 2-1　中国传统村落在各省(市)的分布情况

二、传统村落的特点

(一)历史悠久的聚落型遗产

传统村落大多年代久远,有数百年的历史,有的甚至上千年。悠久的历史给传统村落留下了深厚的文化底蕴,不同民族、不同地域的传统村落文化内涵不同,各自承载着独特的民风民俗。传统村落至今还保存着许多年前的生活状态和建筑原貌,村民们实实在在生活其中,保留着传统的风俗习惯。因此历史悠久,即"古"是传统村落的基本特点。

(二)生活着的活态遗产

传统村落是以聚落形态存在的活态文化遗产,是至今还为人们服务的村落,因此传统村落是历史遗存,而不是遗址,是农村乡土文化的活文物。只有活生生的传统村落,才能让文化传承继续下去。传统村落"生活着"的特点决定了传统村落保护的特殊性,它不能像文物遗产那样实施凝固式或陈列式保护,而是集古建筑、文物、历史文化与原住民生活为一体的整体保护。"活"是传统村落的灵魂所在。

（三）与自然融为一体的原生态遗产

中华古文明是农耕文明,农耕文明重视天人合一,以人为本,强调人与自然和谐统一。因而,传统村落在选址、布局、建筑规制上都充分利用了自然环境,村落在适应自然、改造自然和利用自然中孕育而生,体现中国传统文化中的"风水"理念,传统村落是"天人合一"的典型写照。中国传统村落大多因地制宜,巧妙借助自然,与环境共生,形成"人—村落—环境"之间和谐的有机整体。传统村落的生产、生活乃至民风民俗均是与环境相调节、相适应的产物。所谓"一方水土养一方人",传统村落适宜的人居环境是传统村落遗产的生命之源。

（四）物质和非物质文化遗产并重

传统村落除了独特的聚落布局和建筑艺术,还保留了丰富的传统文化,比如传统生产生活方式和习惯,民间工艺、戏曲、典故、传说、传统节日等非物质文化资源,这是传统村落区别于一般文化遗产的核心内容。因此,对传统村落文化遗产的保护,不仅是对物质文化遗产的保护,而且是对非物质文化遗产的活态传承。

三、传统村落的价值

我国源远流长的农耕文明形成了别具特色的传统村落,其中蕴藏着无数弥足珍贵的物质与非物质文化遗产,具有独特的历史文化价值,同时又兼具艺术价值、旅游价值、生态与使用价值。传统村落作为我国当前新发展阶段乡村振兴战略实施的重要载体,又具有很强的政治、社会、经济和文化价值。

（一）传统村落是区别于物质文化遗产和非物质文化遗产的另一类文化遗产

传统村落兼有物质与非物质文化遗产的特性,在村落里这两类遗产互相融合,互相依存。传统村落不是某个时代风格一致的古建筑群,而是动态、嬗变的历史进程的缩影;传统村落不是"文保单位",而是生产和生活的基地,是最基层的社会构成单位——农村社区,它面临的改善与发展,直接关系着村落居民生活质量的提高;传统村落的精神遗产中,不仅包括各类"非遗",还有大量独特的历史记忆、宗族传衍、俚语方言、乡约乡规、生产方式等,它们作为一种独特的精神文化内涵,因村落的存在而存在,并使村落传统厚重鲜活。所以从遗产学角度看,传统村落是我国遗产体系的重要组成部分,是一种生活生产中的遗产,是珍贵的活态遗产,是区别于物质文化遗产和非物质文化遗产的另一类文化遗产。

(二)传统村落是我国五千年农耕文明的缩影

传统村落历史悠久,随着时代的变迁、历史的更替,留下了深浅不一的历史印记,为历史考证提供了强有力的实物支撑。传统村落中保留着大量的生产和生活信息,拥有物质形态和非物质形态文化遗产,蕴藏着丰富的历史信息和文化信息,具有较高的历史、文化、科学、艺术、社会、经济价值,是我国特有的农耕文明留下的最大遗产。在工业化、城镇化快速发展的今天,传统村落承载着中华传统文化的精华,保留着中华民族文化的多样性,是五千年农耕文明不可再生的文化遗产。

(三)传统村落是城镇化进程中留住乡愁的重要符号

城镇化是现代化的必然要求和主要标志,也是我国经济社会发展的重要过程。但是,在高速城镇化浪潮中,太多的古村名镇被过度商业化,许多传统村落变成了摩天大楼,与快速城镇化进程相对应的是乡村的快速消失。传统村落见证着我国农业文化、古代建筑和民俗民风的演变与发展,承载着我国宝贵的农耕文化遗产,记载着千百年历史积淀而成的文化符号。大量传统村落的消失,意味着千百年来传统农耕方式和传统文化的消失,人们在现代化进程中无从寻觅乡愁。丢弃乡愁记忆,也意味着对传统历史文化和生态环境的遗忘,这显然背离了生态文明和美丽中国的时代理念。

2013年在北京举行的中央城镇化工作会议上,"留得住乡愁"的新型城镇化模式被正式提出,过去大拆大建、人为造城的城镇化理念被尊重自然、顺应自然、天人合一的新型城镇化理念所取代。依托现有山水脉络等独特风光,让城市融入大自然,让居民望得见山、看得见水、记得住乡愁;要融入现代元素,更要保护和弘扬传统优秀文化,延续城市历史文脉;要将"让群众生活更舒适"的理念体现在每一个细节中。在促进城乡一体化发展中,要注意保留村庄原始风貌,慎砍树、不填湖、少拆房,尽可能在原有村庄形态上改善居民生活条件。新型城镇化不仅是对青山绿水赋予更大责任的承诺,也是对乡村文化多样性的挖掘,更是对传统村落景观遗产的保护。未来,传统村落将成为城乡统筹一体化发展中留住记忆、传承文化的重要载体和根基,传统村落保护将成为新型城镇化的重要内容。

(四)历史文化遗产传承价值

传统村落作为我国古代农耕文明延续至今的历史根基和现实见证,蕴含着丰富的物质与非物质文化遗产。文化遗产的一个重要作用就是将人们的记忆传承下去,它是一种珍贵的不可再生资源,是人类社会、环境、经济和文化多样性可持续发展的重要支撑。保护好文化遗产是谋求可持续发展的基础。历史文化遗产是传统村落的核心竞争力所在,是维系传统村落流传延续的重要内核,对一个村落的发展至为重要,它可以创造生产力、增强内驱力。随着人类对文化遗产保护认识的不断加深,文化遗产保护理念的不断更新,文化遗产保护手段的不断完善,基于社会记忆的角度,自内向外,将分散于各传统村落间的文化遗产传承并保护下去,是人类文明传承和乡村保护得以可持续、良性循环、科学发展的必由之路。

(五)经济价值

传统村落蕴含着不可忽视的经济开发价值,传统村落或拥有得天独厚的自然资源,或拥有世代传承的精巧技艺,许多村落在世世代代的生产生活中保留下许多智慧结晶。通过文化创意精加工等开发模式,使农产品、农副产品逐步升级转型,增加其附加值,可以促进传统村落开创一条绿色、生态、环保、可持续发展的致富之路。

（六）旅游价值

传统村落拥有丰富的自然旅游资源和人文旅游资源，在历史、建筑、自然景观、工艺习俗等方面表现出的独特魅力，无不凝刻着深邃悠久的社会记忆，吸引着游客返璞归真、寻根溯源、深入乡间感受乡土文化，体验质朴乡村旅游所带来的愉悦。

第二节　乡村振兴战略概述

一、乡村振兴战略提出的背景

（一）实施乡村振兴战略是开启全面建设社会主义现代化国家新征程的必然选择

党的十九大报告强调："农业农村农民问题是关系国计民生的根本性问题，必须始终把解决好'三农'问题作为全党工作重中之重。"这是党的十九大报告对"三农"地位的总判断，既有"重中之重"地位的再强调，又有"关系国计民生的根本性问题"的新定调。这表明，"三农"作为国之根本，其工作重中之重的地位依然没有变，特别是在新时期解决人民日益增长的美好生活需要和不平衡不充分的发展之间的矛盾，实现决胜全面小康的大头、重点和难度都在"三农"，"三农"工作重中之重的地位不仅不能削弱，更要加强。实施乡村振兴战略是我国全面建成小康社会的关键环节，是实现中华民族伟大复兴中国梦的客观要求，也是我们党落实为人民服务这一根本宗旨的重要体现。

（二）实施乡村振兴战略是实现"两个一百年"奋斗目标的必然要求

党的十九大报告清晰擘画全面建成社会主义现代化强国的时间表、路线图。实施乡村振兴战略，正是以习近平同志为核心的党中央在深刻把握我国现实国情农情、深刻认识我国城乡关系变化特征和现代化建设规律的基础上,着眼于党和国家事业全局,着眼于实现"两个一百年"奋斗目标和补齐农业农村短板的问题导向,对"三农"工作作出的重大战略部署、提出的新的目标要求,这必将在我国农业农村发展乃至现代化进程中写下划时代的一笔。

(三)实施乡村振兴战略是实现全体人民共同富裕的必然要求

中国特色社会主义进入新时代,中国社会主要矛盾的"历史性变化"对中国未来的发展提出了新要求、新指引。在新的历史时期,必须坚持以人民为中心的发展思想,不断促进人的全面发展、全体人民共同富裕。但也应清醒地看到,当前,我国乡村仍然面临着发展滞后的严峻形势,乡村振兴战略正是就此问题提出来的。我国有五千多年的悠久历史,乡村是中华民族传统文明的发源地,在经济社会发展中一直占有重要地位,乡村的富庶是盛世历史的重要标志。乡村振兴战略强调坚持农业农村优先发展,是对乡村地位和作用的充分肯定,是实现中华民族伟大复兴的中国梦的历史使命。乡村振兴是建设社会主义现代化国家的必然要求。我国城镇化水平不高、农村人口总量庞大的现实国情决定了没有农业农村现代化,就不会有国家的现代化,也不可能实现全体人民共同富裕的社会主义本质目标。

二、乡村振兴战略发展概况

我国历来高度重视"三农"工作,改革开放以来,党的历次代表大会都对农业农村工作作出重要部署,提出重大政策和工作举措。2017年10月18日,习近平总书记在党的十九大报告中首次提出"实施乡村振兴战略",强调"农业农村农民问题是关系国计民生的根本性问题,必须始终把解决好'三农'问题作为全党工作重中之重。要坚持农业农村优先发展,按照产业兴旺、生态宜居、乡风文明、治理有效、生活富裕的总要求,建立健全城乡融合发展体制机制和政策体系,加快推进农业农村现代化"。大力推进乡村振兴,并将其提升到战略高度、写入党章,这是党中央着眼于全面建成小康社会、全面建设社会主义现代化国家作出的重大战略决策,是加快农业农村现代化、提升亿万农民获得感幸福感、巩固党在农村的执政基础和实现中华民族伟大复兴的必然要求,为新时代农业农村改革发展指明了方向、明确了重点。

产业兴旺是乡村振兴的重点,是围绕促进产业发展,引导和推动更多资本、技术、人才等要素向农业农村流动,调动广大农民的积极性、创造性,形成现代农业产业体系,促进农村一二三产业融合发展,保持农业农村经济发展旺盛活力。生态宜居是乡村振兴的关键,加强农村资源环境保护,大力改善水电路气房讯等基础设施,统筹山水林田湖草保护建设,保护好绿水青山和清新清净的田园风光。乡风文明是乡村振兴的保障,促进农村文化教育、医疗卫生等事业发展,推动移风易俗、文明进步,弘扬农耕文明和优良传统,使农民综合素质进一步提升、农村文明程度进一步提高。治理有效是乡村振兴的基础,加强和创新农村社会治理,加强基层民主和法治建设,弘扬社会正气、惩治违法行为,使农村更加和谐安定有序。生活富裕是乡村振兴的根本,让农民有持续稳定的收入来源,经济宽裕,生活便利,最终实现共同富裕。

2017 年 12 月 29 日,中央农村工作会议首次提出走中国特色社会主义乡村振兴道路,确定了实施乡村振兴战略“三步走”时间表:到 2020 年,乡村振兴取得重要进展,制度框架和政策体系基本形成;到 2035 年,乡村振兴取得决定性进展,农业农村现代化基本实现;到 2050 年,乡村全面振兴,农业强、农村美、农民富全面实现。提出了实施乡村振兴战略的“七条路径”:必须重塑城乡关系,走城乡融合发展之路;必须巩固和完善农村基本经营制度,走共同富裕之路;必须深化农业供给侧结构性改革,走质量兴农之路;必须坚持人与自然和谐共生,走乡村绿色发展之路;必须传承发展提升农耕文明,走乡村文化兴盛之路;必须创新乡村治理体系,走乡村善治之路;必须打好精准脱贫攻坚战,走中国特色减贫之路。最终让农业成为有奔头的产业,让农民成为有吸引力的职业,让农村成为安居乐业的美丽家园。

2018 年中央一号文件《中共中央 国务院关于实施乡村振兴战略的意见》从提升农业发展质量、推进乡村绿色发展、繁荣兴盛农村文化、构建乡村治理新体系、提高农村民生保障水平、打好精准脱贫攻坚战、强化乡村振兴制度性供给、强化乡村振兴人才支撑、强化乡村振兴投入保障、坚持和完善党对"三农"工作的领导等方面对实施乡村振兴战略进行了全面部署。2018 年 3 月 5 日,国务院总理李克强在作政府工作报告时提出要大力实施乡村振兴战略。科学制订规划,健全城乡融合发展体制机制,依靠改革创新壮大乡村发展新动能。

2018 年 9 月 26 日,中共中央、国务院正式印发《乡村振兴战略规划(2018—2022 年)》,这是具体实施乡村振兴战略的规划,是党中央为解决"三农"问题所提出来的战略方针。规划提出分类推进乡村发展:根据不同村庄的现状、区位和禀赋,将村庄划分为集聚提升类、城郊融合类、特色保护类、搬迁撤并类 4 种不同类型,分类推进乡村振兴,其中特色保护类村庄将在保护基础上进行适度开发,适度发展特色旅游业。从党的十九大报告中首次提出到首个五年规划出台,乡村振兴战略正在不断完善、逐步落地。

2020 年 10 月 29 日,党的十九届五中全会通过《中共中央关于制定国民经济和社会发展第十四个五年规划和二〇三五年远景目标的建议》,对新发展阶段优先发展农业农村、全面推进乡村振兴作出总体部署,为做好当前和今后一个时期"三农"工作指明了方向。2020 年 12 月 29 日,习近平总书记在中央农村工作会议上发表重要讲话,向全党全社会发出鲜明信号:稳住农业基本盘、守好"三农"基础是应变局、开新局的"压舱石"。2021 年中央一号文件《中共中央 国务院关于全面推进乡村振兴加快农业农村现代化的意见》围绕全面推进乡村振兴、加快农业农村现代化,对"三农"工作作出全面部署。乡村振兴到了全面推进、全面实施的时刻。

乡村振兴战略作为党的十九大作出的重大决策部署,是国家针对农村问题提出的战略性导向,是村落保护与发展必须遵循的原则。实施乡村振兴战略是建设现代化经济体系的重要基础,是建设美丽中国的关键举措,是实现全体人民共同富裕的必然选择,是解决人民日益增长的美好生活需要和不平衡不充分的发展之间的矛盾的必然要求,是传承中华优秀传统文化的有效途径。乡村振兴的最终目标就是要不断提高村民在产业发展中的参与度和受益面,彻底解决农村产业和农民就业问题,确保当地群众长期稳定增收、安居乐业。

三、乡村振兴战略的意义

实施乡村振兴战略是解决新时代我国社会主要矛盾、实现"两个一百年"奋斗目标和中华民族伟大复兴中国梦的必然要求,具有重大现实意义和深远历史意义。

(一)实施乡村振兴战略是建设现代化经济体系的重要基础

农业是国民经济的基础,农村经济是现代化经济体系的重要组成部分。产业兴旺是乡村振兴的重点。实施乡村振兴战略,深化农业供给侧结构性改革,构建现代农业产业体系、生产体系、经营体系,实现农村一二三产业深度融合发展,有利于推动农业从增产导向转向提质导向,增强我国农业创新力和竞争力,为建设现代化经济体系奠定坚实基础。

(二)实施乡村振兴战略是建设美丽中国的关键举措

农业是生态产品的重要供给者,乡村是生态涵养的主体区,生态是乡村最大的发展优势。生态宜居是乡村振兴的关键。实施乡村振兴战略,统筹山水林田湖草系统治理,加快推行乡村绿色发展方式,加强农村人居环境整治,有利于构建人与自然和谐共生的乡村发展新格局,实现百姓富、生态美的统一。

(三)实施乡村振兴战略是传承中华优秀传统文化的有效途径

中华文明根植于农耕文化,乡村是中华文明的基本载体。乡风文明是乡村振兴的保障。实施乡村振兴战略,深入挖掘农耕文化蕴含的优秀思想观念、人文精神、道德规范,结合时代要求在保护传承的基础上创造性转化、创新性发展,有利于在新时代焕发出乡风文明的新气象,进一步丰富和传承中华优秀传统文化。

（四）实施乡村振兴战略是健全现代社会治理格局的固本之策

社会治理的基础在基层，薄弱环节在乡村。治理有效是乡村振兴的基础。实施乡村振兴战略，加强农村基层基础工作，健全乡村治理体系，确保广大农民安居乐业、农村社会安定有序，有利于打造共建共治共享的现代社会治理格局，推进国家治理体系和治理能力现代化。

（五）实施乡村振兴战略是实现全体人民共同富裕的必然选择

农业强不强、农村美不美、农民富不富，关乎亿万农民的获得感、幸福感、安全感，关乎全面建成小康社会全局。生活富裕是乡村振兴的根本。实施乡村振兴战略，不断拓宽农民增收渠道，全面改善农村生产生活条件，促进社会公平正义，有利于增进农民福祉，让亿万农民走上共同富裕的道路，汇聚起建设社会主义现代化强国的磅礴力量。

第三节　传统村落与乡村振兴的关系

一、传统村落是乡村振兴的重要组成部分

《乡村振兴战略规划（2018—2022年）》中提到传统村落是彰显和传承中华优秀传统文化的重要载体。传统村落作为聚落型活态遗产，是一种特殊类型的乡村，在承载着保护和传承优秀传统文化任务的同时，又需要随现代文明演进而实现"业强、村美、民富"。传统村落的振兴是乡村振兴的重要组成部分，传统村落是乡村振兴的特殊类型，是实施乡村振兴战略的具体要求。实施乡村振兴战略离不开传统村落，传统村落在推进乡村振兴战略的实施过程中也发挥着不可替代的作用。传统村落要深入落实乡村振兴战略，让优秀传统文化在传统村落得到传承弘扬，让传统村落的产业经济得到繁荣发展，并为乡村振兴提供动力，让村民特别是贫困人口得到长期稳定就业；要始终把农村经济作为实施乡

村振兴战略的重中之重,坚持第一、第二、第三产业融合发展,因地制宜探索出适合当地特色与资源禀赋的产业发展路径。

二、传统村落是推进乡村振兴战略的重要资源

传统村落传承的独具地域特色和民族风格的乡土文化是当下实施乡村振兴战略的主要抓手之一,是推进乡村振兴战略不可忽视的极为重要的资源与力量。保护和利用传统村落,对于留存乡村记忆、保护农村生态、拓展农业形态、建设美丽乡村具有重要意义。对传统村落资源的挖掘、传承和转化,可以促进乡村旅游转型升级,带动村民增收,促进乡村振兴战略的实施。

传统村落历来是德育教化的场所,是写在大地上的传统文化典籍。传统村落文化底蕴深厚,承载着乡规民约、宗教礼仪、风俗习惯、饮食文化、建筑文化等,这些是村落的灵魂、血液和根脉。做好传统村落保护和利用,是新时期实施乡村振兴战略的重要着力点,既可以为重塑美丽乡村文化内核贡献丰富元素,又能够为巩固拓展脱贫攻坚成果同乡村振兴有效衔接提供重要产业支撑。

三、乡村振兴战略为传统村落发展确立全新城乡关系

乡村振兴战略不仅为新时代乡村发展明确了思路,也为城乡关系发展指明了方向。党的十九大报告用城乡融合代替城乡一体化,体现了城乡关系已经发生了根本性的变化,乡村作为一个有机整体,从原来城市的从属地位转变到与城市同等重要的地位上,乡村也从过去的被动接受反哺到为实现振兴主动作为。实施乡村振兴战略,可以更加充分地立足于传统村落的自然资源优势和乡土文化特色,建立可持续发展的内生增长新机制,从而实现传统村落的全面振兴。乡村振兴战略是乡村发展思路与发展理念的根本转变,为传统村落的保护与发展确立了全新的城乡关系[1]。

---

① 陈淑飞,许艳.乡村振兴战略下山东传统村落保护发展研究[J].山东社会科学,2019(9):160-165.

四、乡村振兴战略为传统村落提供"三治融合"的治理体系

党的十九大报告首次将德治纳入乡村治理范畴,提出了健全自治、法治、德治相结合的乡村治理体系。用"三治融合"的理念创新乡村治理体系,是新时代乡村发展的现实需要,是提升基层社会现代化水平的有效手段,有利于基层治理的民主化、制度化和人性化。传统村落在长期的历史发展中传承下来的良好家风族训、乡规民约、孝道文化、乡贤文化等都是乡村德治的基础,有利于构建"三治融合"的治理体系,形成乡村治理强劲的向心力和凝聚力。同时,加强乡风文明建设,推进乡土文化繁荣复兴,有利于弘扬中华优秀传统文化,唤起村民的文化自觉和文化自信,为传统村落的保护发展奠定坚实的基础。

五、乡村振兴战略为传统村落振兴提供了新的依据与方向

传统村落是我国重要的文化遗产,是农耕文明历程的最佳见证和传统文化的重要载体,是物质文化遗产和非物质文化遗产融为一体的活态呈现,具有重要的历史、文化、科学、艺术、社会和经济价值。然而,伴随着工业化、城镇化、新农村建设和乡村旅游开发等带来的建设性、开发性与旅游性破坏,传统村落受到不断冲击和多重挑战,甚至濒临消亡。近年来,我国积极推进传统村落保护和发展,加大投入和保护力度,资金投入、保护措施和发展规模都取得了前所未有的成绩,但传统村落保护发展仍存在风貌格局被破坏、劳动力缺失、农业发展弱化、乡土文化衰败及缺乏公众参与等困境,生存状况仍不容乐观。乡村振兴战略为传统村落的保护发展提供了新思路,激发了新活力。乡村振兴战略强调人与自然的和谐共生发展,乡村振兴的过程是保护与更新传统村落空间的过程,不仅仅关注传统村落的经济政治建设,还要与文化生态社会协调发展,建设适宜的生活和发展空间。乡村振兴促使传统村落经济发展方式转变,生态面貌焕新,农业提质增效,实现传统村落的繁荣发展。因此,深入理解乡村振兴战略

的总体要求,有利于科学合理制订传统村落发展规划,走好中国特色传统村落保护发展之路。

六、传统村落振兴是破解传统村落保护与发展难题的需要

传统村落大多分布在交通不便的地区,与贫困地区在地理空间分布上有重叠,经济落后,面临着遗产保护文化传承和减贫发展的双重任务。作为遗产,传统村落要"见人见物见生活";作为乡村,传统村落振兴要实现"业强、村美、民富"。因此,传统村落要深入贯彻以保护促发展、以发展促保护的原则,破解传统村落保护与发展过程中面临的人口老龄化、村落空心化、乡村凋敝等难题,发展特色农业、特色旅游业、特色文化产业等本土产业,以产业振兴为契机带动传统村落致富,以产业发展为龙头带动传统村落增强自我发展动能,有效促进传统村落的振兴。

第四节　传统村落的保护与发展

一、传统村落保护与发展现状

(一)传统村落数量锐减

我国传统村落大多始建于明清时期,有的可追溯到南宋时期。这些村落之所以能保存至今,就在于其具有浓郁的历史风貌、优美的自然生态环境、布局科学的人文景观和精彩纷呈的民族特色。目前,我国不可移动文物约有 40 多万处,其中近 7 万处各级文物保护单位中,有半数以上分布在农村乡镇;1 300 多项的国家级"非遗"和 7 000 多项省、市、县级的"非遗"中,绝大多数都在传统村落里。然而,在现代化、乡村城镇化和新农村建设进程中,我国大批传统村落的风水格局、乡土建筑、历史古迹、自然环境以及人文环境等遭到了不同程度的建

设性、开发性、旅游性破坏,自2000年至2010年,我国自然村由363万个锐减至271万个,10年间减少了90多万个,平均每天消失80~100个,其中包含大量传统村落。近15年来,中国传统村落锐减近92万个,并以每天1.6个的速度持续递减。究其原因,除年代久远导致的自然性损毁,老龄化、空巢化等导致的自然性颓废等因素外,拆旧建新导致的"自主自建性破坏",急功近利导致的"建设性破坏",过度商业化导致的"开发性破坏",也从主观上导致了"千村一面"现象的发生甚至加剧。

(二)乡土风貌不协调

传统村落村民无序地新建与翻建住房,造成新建筑与历史建筑、乡土风貌极不协调,再也难寻传统文化的印记;一些传统村落由历史性老化导致建筑破败不堪而无力修复,加上大量年轻劳动力外出务工导致的"空心村"现象,都加速了传统村落的凋敝和损毁。

(三)旅游开发无序

蓬勃发展的旅游业让国内外游客认识到我国传统村落独特的风貌和丰富多彩的文化的同时,也为旅游容量不足的传统村落保护带来了压力。尤其是一些传统村落快速上马和粗鄙化的旅游开发,导致盲目拆旧建新、拆真建假,对传统村落造成了破坏性的冲击:不少村落其实是打着"保护利用"之名,行"开发旅游"之实,将遗产保护与旅游开发本末倒置;更有甚者,发展旅游采取"杀鸡取卵"的方式,对古建筑进行不恰当的重新包装改建,使古建筑"旧貌换新颜",其结果必然是使传统村落的建筑遗产逐渐丧失其历史原真性,也破坏了原住民的生活条件。

(四)保护取得初步成效

自2012年我国启动传统村落保护工作以来,已取得初步成效。"中国传统村落名录"中大量濒危遗产得到抢救性保护,63%的村落传统公共建筑得到保护修缮,70%以上的村落人居环境明显改善,村民收入达1万元以上的村落由不足 5% 增至 21%。传统村落保护工作已经成为我国乡村振兴战略下农村发展中的重要工程之一。

我国传统村落保护体系主要由三方面组成。一是关于文化遗产保护方面。2002 年,《中华人民共和国文物保护法》提出了"历史文化村镇"概念,首次将历史文化村镇保护纳入法治轨道。在此前虽然我国也有相关的认识,但是传统村落并没有得到重视,在各个历史时期反而不断地遭受破坏。只有近些年来,我国关于保护传统村落的政策不断出台,相关的概念深入到法律之中,传统村落被肆意破坏的局面才得以改善。二是传统村落评选等行为。2007 年以后,在保护传统村落政策的基础上,农业农村部、住房和城乡建设部、财政部、国家文物局等部门对传统村落的认识不断提高,先后开展了关于传统村落的调查、优质传统村落的评选等系列行动,使得传统村落在各级政府以及社会各界中逐渐受到重视。三是美丽乡村建设等乡村振兴运动的兴起。在乡村振兴运动中,随着村落建设方向的逐渐明确,摆脱了最初急于求成、千篇一律的做法,突出乡村特色、地方特色和民族特色的乡村治理日渐受到关注,而乡村特色、地方特色和民族特色的建设必然会涉及传统村落的保护和发展,具有历史气息和开发价值的传统村落和古民宅逐渐被开发成景区,并逐渐为社会所熟知。

二、城镇化背景下传统村落面临的困境

近年来,政府和有关部门做了较多保护和利用的工作,使传统村落发展初见成效,但在乡村振兴战略背景下,如何更好地发展和振兴传统村落,真正实现乡村振兴的目标,依然面临着一些挑战。

(一)年久失修,自然衰落

传统村落大多年代久远,且散落在相对偏僻、贫困落后的地区,自然性破败严重,再加上大量农村人口进城务工,不少传统村落逐渐变得"老龄化""空巢化",还有可能出现"无人村",乡土建筑处于"老龄化""空巢化"的"自然性颓

废"状态。传统村落的房屋多为砖木结构,居民居住混杂,电路陈旧,厨房布置不规范,导致火灾隐患严重,大多数古老的木质结构房子并没有完整的防火设施。此外,雷击、水灾、虫蚁灾害等都在侵蚀着这些历史文物。许多古屋也因年久失修,自然毁损严重,有的已经坍塌或即将坍塌,延续传统村落历史文脉已经到了刻不容缓的地步,传统村落自然衰落的景象如图 2-2 所示。

图 2-2　传统村落自然衰落

(二)空心化日益严重

在城镇化、工业化背景下,有些传统村落社区出于发展的考量,将原住民集体搬迁至新村享受现代化的生活,传统村落虽然被凝固式保护,却因为失去原住民生活而成为一座毫无生机的博物馆或遗址公园,被人为"掏空"成为没有原住民的"空心村"。有些偏远山区的传统村落,即使有原住民生活,也大多是老人,随着城镇化进程逐步加快,大量年轻劳动力逐渐向城市转移,人口流失,村落空置现象十分普遍。人是传统村落的一个重要元素,评价一个村落是不是传统村落,不是看仿古建筑多么完整,而要看其几百年来的空间尺度和文化肌理是否存在,这是构成村落生活的关键因素。"空心村"、异地重建都是对传统村落文化的破坏。

(三)保护意识尚需提高

传统村落凭借深厚的历史文化底蕴,古朴的传统建筑风貌,特色选址与布局,代表性的历史环境及非物质文化遗产活态传承,具有一定的传统保护价值。

保护是传统村落开发利用的前提,尽管政府做了大量的挖掘、保护工作,传统村落保护仍不容乐观,仍然以惊人的速度被毁坏。

1.对传统村落的文化内涵和价值认识不足

政府将传统村落保护局限于以建筑为主的物质文化保护,非物质文化因得不到及时有力的保护而逐渐流失,一旦非物质文化成分逐渐丢失,传统村落就失去了灵魂。

2.保护资金不足

大多数传统村落中的古建筑和文物属于私人所有,其数量多、规模大,保护难度大;而由于传统村落多地处偏僻,经济相对落后,政府一方面要改善居民的居住条件,另一方面要保护老房子,仅依靠政府资金难以满足传统村落开发与保护的需要。除了极少数传统村落得到较好保护外,大多数仍散落乡间无人识、无钱修,处于自生自灭的状态,得不到有效保护,传统村落老龄化、自然颓废程度严重。

3.旅游资源开发利用不充分

现阶段传统村落的保护往往与旅游开发相关,保护前提下的合理旅游资源开发是传统村落得以延续发展的途径之一。旅游资源开发主要集中在少数传统村落,大部分传统村落既没有旅游资源开发,也没有得到相应的保护。

4.村民保护意识薄弱

村民长期处于传统村落的环境中,意识不到传统村落的稀缺性、不可再生性及其宝贵的历史文化价值,所以严重缺乏传统村落保护意识。与此同时,由于相关法律保护依据尚未明确、保护教育宣传不到位,大多数村民难以意识到传统村落文化保护的重要意义,最终,部分传统村落建筑与文化风俗可能会在新农村建设、现代文明发展中被改造和随意翻新,使原生态环境遭到严重破坏。

(四)原住民享受现代生活与传统物质空间之间的矛盾

传统村落和民居建筑虽然承载着村落悠久的发展历史,记录着村民的生活生产方式,但随着村民生活观念与生活方式的改变,原有的基础设施、居室格局与居住环境已不能满足日益增长的现代生活需要,也不适应现代产业经济发展的需要。有权享受现代物质生活的传统村落村民越来越多地购进和使用现代化生活用品,这些现代化生活用品对传统村落传统生活方式的传承构成威胁;村落为改善居民生活条件,越来越多地引进和建设现代基础设施,使用水泥、瓷砖、彩钢瓦等现代建筑材料对原有民居进行修缮和改扩建,更多村民追求现代化的楼房建筑样式,拆旧建新,甚至任由原有民居建筑坍塌,另选新址新建(图2-3)。这些以新带旧、以洋代土、以今代古的建设方式,严重破坏了传统村落的历史风貌格局。

图 2-3　传统村落里的新民居、不协调的照壁、新老建筑混杂

(五)传统村落建设改造中的破坏

1.维修建造中的破坏

传统建筑是传统村落的主要构成要素,仍具有一定的使用价值。但随着产业调整及生活方式的改变,很多传统建筑已无法适应现代生产生活的要求。在对传统建筑修缮改造的过程中,由于缺乏对传统建筑风貌的深入研究和合理定位,导致拆旧建新、粗糙施工、替换改造等现象发生。一部分经济收入快速增长的村民,为了改善自身居住条件,也开始进行一些自发性、随意性较强的修建行为,对其私有民居进行拆、改、扩建,导致传统村落古民居数量减少,传统民居风格消失。现代交通工具的使用对传统村落原生道路和桥梁产生较大的压力,村民自发地建造、整修,使用新的建筑材料,割断了传统风貌的延续。传统村落居民自发进行的这些建筑整修行为所使用的新型建筑材料,正在且将继续使一些

具有传统山乡特色的人文资源在人为的建设性破坏中消逝,甚至影响到整体的村落传统。现代经济的发展在改变传统村落落后面貌的同时,也威胁到其传统文化的传承,传统村落建筑维修保护对比如图2-4所示。

图 2-4 传统村落建筑维修保护对比

2.传统街巷改造中的破坏

传统街巷构成村落整体空间的骨架,是传统村落肌理的重要组成部分。在传统村落街巷空间的规划设计中,为丰富游客游览过程中的心理体验,美化参观环境,在缺乏对街巷历史特征研究的情况下,盲目增设街头绿化小品,甚至改变街巷尺度,使很多历史街巷失去了原来沧桑古朴的氛围。原本为居住及交通服务的街巷被改造为商业街,导致原有的意境、文化被现代商业氛围取代。

3.传统景观环境修护中的破坏

乡土植被是传统村落景观的重要组成部分,与传统村落和谐共生,对营造村落传统氛围,烘托村落传统特色,具有独特的生机与活力。然而传统村落往往忽视乡土自然植被的保护和有效利用。单纯地引入外来常用景观植物进行绿化景观设计,盲目套用城市绿化广场设计手法,导致城市化几何形绿化形式广泛地用于村落景观设计中,与淳朴自然的乡村风貌格格不入,村落独特的景观文化没有得到有效延续。

4.基础设施改造中的破坏

传统村落基础设施改造主要包括整治环境、修缮改铺路面和部分基础管线入地工程等。在管线入地过程中如果忽视对传统村落各要素的系统调研和全面评价,避开风貌较好的传统街巷,合理地进行各管线的布线设计,极容易对传统街巷的路面造成不可恢复的破坏。然而传统基础设施工程调研往往被忽视,直接以现代设施取代,新型材料、新技术的采用往往没有深入结合传统建筑、街巷空间,大量工程管线入地,各种形式线路挂在传统建筑外墙,不仅影响了传统建筑的风貌,同时废弃的传统基础设施由于缺乏必要的日常维护,损毁速度加快,并在一定程度上给传统村落风貌带来不利影响。

5.产业发展中的破坏

近年来,一些旅游开发公司把传统村落当作开发旅游的赚钱工具,乡土建筑开发利用无序,维修质量粗糙低劣,随意改变原生态文化的真实性,甚至擅自进行迁建、移建,新建"仿古街""假遗存",严重破坏传统村落原真性文化特征和原生态自然环境。受旅游开发的影响,部分具有致富意识的村民为迎合游客心理需求,已率先改建自己的住宅,使原有传统特色的石材民居变成了一些低档次、小规模的餐饮及住宿场所。

三、乡村振兴战略下传统村落保护与发展的措施

传统村落是人类早期乃至现在一个很重要且常见的聚落方式,是人们赖以生存的物质环境。虽然社会文明在不断进步,但其仍彰显着最基本的使命,即完成使用价值。传统村落是鲜活的社区,是生产和生活的基地,既有生产属性,也有生活景观,不是凝固的文保单位,而是具有准公共属性的聚落型活态遗产。传统村落包含着较非物质文化遗产更为丰富多彩的精神文化信息,如地方特色鲜明的历史记忆、宗族衍衍、俚语方言、乡约乡规、生产方式等,它们因村落而生,随原住民而在。因而,传统村落需要在保护中发展,发展中传承。

(一)加快传统村落基础设施建设,改善传统村落人居环境

传统村落基础设施建设是提升原住民生活品质的重要举措,也是推进传统村落美丽乡村建设和生态文明建设的主要抓手。传统村落大多地处偏僻,经济

相对落后,基础设施年久失修,遗产景观亟待修缮,村民生活条件简陋,加大对传统村落基础设施的财政投入,完善基础设施建设,优化公共卫生体系,提升道路通行能力,对村域的生态环境进行美化处理,适当栽种本土特色花草植物,重塑传统村落风貌,改善人居环境,焕发村落新活力,既是遗产保护的需要,也是传统村落旅游开发保护的基础,更是提高原住民生活质量的主要任务。

(二)注重人口回归

村落空心化是当前传统村落的痛点,但也是城镇化过程中的必然现象。乡村振兴首先是人的全面发展的振兴,空心化的村庄振兴无从谈起。因此人口回归是传统村落振兴的重要支撑。传统村落的振兴离不开村民的积极参与,文化遗产的传承更离不开人的薪火相传,因此首先要留住原住民。原住民对故土和祖宅的感情是他们参与传统村落保护的动力,保护好村落原有的历史文化底蕴,就是保留了村民对家乡的热爱和眷恋。传统村落目前常住人口结构普遍呈现严重的老龄化,可通过发展旅游业引入社会资本,提高村民经济效益和幸福指数,让其成为回归人口的榜样与目标。其次,吸纳回归的年轻人。在政府扶持、产业引领下,通过振兴旅游产业,增加就业机会,提高宜居品质等手段,以点带面重塑回归年轻人的乡土情怀和乡村理想,鼓励其返乡创业,解决传统村落空心化问题。最后,吸引外来人口。在吸引本地年轻人回归的同时,也应该增强对外来人口的吸引力和包容度,吸引外地游客走进传统村落寻幽探古,促进产业消费,激发传统村落活力,促进传统村落居民与外来人员在历史文化等方面相互交融。

(三)加强对传统村落的保护

1.保护原则

(1)坚持规划先导原则

结合传统村落规划,编制保护利用规划,明确保护范围、地理位置和保护方法,涵盖对村庄基础设施、公共服务等其他治理工程的合理规划。同时,制定系统、规范的相关法律条例,用以指导传统村落保护与利用工作的合理进行与有效落实。

（2）坚持因地制宜、分类保护原则

对传统村落的保护要突出针对性，不同地区区分对待，可以从生态系统整体性、文化空间完整性、民俗文化多样性等角度出发，不能"一刀切"，要有的放矢地根据传统村落的不同形态和文化内涵加以保护，充分发挥传统村落自身的自然和文化资源禀赋，特别是注重非物质文化遗产的利用、传承和保护。

根据传统村落的历史价值和建筑风貌保持的完好程度，按照历史真实性、生活真实性、风貌完整性进行分类保护，在现状的基础上进行存古、复古或创古。存古，就是对保护尚好的重点村庄遵循不改变原状原则，进行保护性修缮，坚持修旧如旧，以存其真。复古，就是对建筑物质量尚好，但局部损毁，不能适应现代生活的、具有保护价值的民居，在恢复其原风貌的基础上，对内部进行更新改造，重新定位其功能，可以考虑建设民居博物馆、民俗博物馆或者发展旅游的纪念馆。创古，就是在继承大量历史文化"基因"的基础上创新式修整复兴。总的来说，就是要修旧如旧，保留传统村落的原始风貌。

（3）坚持整体保护、文化传承原则

传统村落文化挖掘及传承是乡村振兴的重要内容之一。整体保护是传统村落与一般文物或遗产资源的单体、局部保护的最大区别，重点是将传统村落物质文化遗产与非物质文化遗产保护一体化，单体建筑保护与村落整体环境维护一体化，文化遗产保护与社区原住民利益保护一体化，以此促进传统村落的保护、传承和有效利用。

（4）坚持科学保护原则

以激活传承为重点，有针对性地、科学地对每个传统村落进行定制保护。采取吸纳多元角度的数字保护模式，建立历史文化资源档案库（包括历史沿革、村落格局、历史遗存、环境要素等），并用最新的数字媒体应用技术，展现多层次、立体化的传统村落景观；建立动态监管信息系统，跟踪监测遗产保护和规划实施情况，定期反馈传统村落历史文化资源档案数据指标的变化情况，实行动态监管制度。

（5）坚持全面保护、系统设计原则

加大保护利用传统村落的政策、项目和资金支持力度。在能保即保、应保尽保前提下，严禁大拆大建和破坏性开发建设，合理挖掘利用传统村落的历史、文化、科学、艺术、社会和经济价值，形成保护与利用的良性循环。在保护利用中要强化系统思维、整体观念，坚持村落结构肌理与山水格局保护并重，使望得见青山、看得见绿水、记得住乡愁成为传统村落最鲜明的标识。

2.保护措施

（1）增强原住民保护意识和保护理念

在乡村振兴战略背景下，政府部门需加大传统村落保护的教育宣传工作，让原住民意识到传统文化和古建筑的重要价值和独特意义，同时引导他们理解传统村落对我国传统文化构成和发展的作用，以此激发他们心中对传统文化的保护与传承意识，进而促进传统村落保护工作顺利开展与长期运行。

传统村落成立保护专项领导小组，主要负责村落保护的规划工作，明确保护范围，从根本上杜绝传统村落随意被破坏问题的发生；积极宣传传统村落保护工作，引导、鼓励村民参与到村落保护工作中；组织开展村民研讨会，向村民讲述村落保护的意义，提高村民的村落保护意识，让村民了解村落保护带来的经济效益，从而让他们主动参与到村落保护工作中；制定相关制度，深入了解村民的需求、意见；制定相关的保护制度，从根本上规范村民的行为，让村民重视传统村落保护工作；加强执行力度。传统村落保护专项领导小组实施监督规划，及时劝阻村民随意进行维护或改造，提高村民的自觉参与能力。

（2）因地制宜做好传统村落保护发展规划

在实施乡村振兴战略的大背景下，统筹做好传统村落的保护发展规划工作，为传统村落保护发展奠定坚实基础。一是必须深刻认识到传统村落内在的丰富价值，传统村落是一种典型的乡村聚落形态，具有独特的生产价值、生态价值、生活价值、社会价值、文化价值和教化价值，规划中对传统村落组成要素的构成现状、演变规律及发展趋势进行认真剖析，因地制宜，杜绝千村一面，探索具有村落特色的保护发展之路。二是要坚持以人为本的理念,在保护好传统村落自然环境、建筑风貌等物质文化遗产及风俗习惯、民间艺术等非物质文化遗产的同时,以原住民的利益诉求为出发点,着力提升乡村基础设施建设和公共服务水平,改善村民的生活质量,增加村民的认同感和归属感。三是在制定传统村落风貌和历史建筑的修复与保护规划时,应充分尊重传统建筑本身及其承载的地域历史文化,以传统建造技艺对其进行修复和维护,确保传统村落的风貌格局和乡土文化得以完整、真实地保护和传承。四是强化传统村落保护规划的刚性约束,将保护要求纳入乡规民约,发挥村民民主参与、决策、管理和监督的主体作用,加强保护发展规划的宣传工作,提高全社会参与传统村落保护发展的积极性[①]。

(3)加大保护资金的投入

我国近年来虽然对传统村落保护维修的投资不断增多,但传统村落数量众多,维修任务重,资金的缺乏使得许多珍贵文化遗产都已到了岌岌可危、濒临消失的地步,因此要不断增加资金投入,合理利用民间维修力量与维修传统工艺,以便于有技术力量的地方工匠从事维修保护工作,及时维护文物建筑安全。

传统村落的保护发展资金主要来源于政府的直接补贴或转移支付、社会捐(赞)助、村集体自筹、企业投资等。在既有的资金来源基础上,拓宽资金渠道,促进投资主体多元化,建立政府引导、市场运作和社会参与机制。在鼓励各级政府和集体加大投入的同时,采取多渠道筹集民居保护资金的方法,以解决保护资金不足的问题。向当地政府部门积极争取文化保护财政资金,同时可以基于自身丰富的历史文化资源和自然环境优势,与当地特色农业公司或著名旅游文化企业达成友好合作,从而具备足够资金以实现传统村落的保护与开发工程。中央财政设立保护专项资金,可用于抢救全国重点文物保护单位的传统乡土建筑;产权属个人所有的有价值的乡土建筑,在文物部门指导下进行维修时,

① 　陈淑飞,许艳.乡村振兴战略下山东传统村落保护发展研究[J].山东社会科学,2019(9):160-165.

政府应给予适当的经济补助。对基础设施改善的资金投入,可考虑个人、集体、政府共同出资,或通过多方融资实现通信、交通、医疗、教育等基础设施的完善与优化;对于村民无力修缮保护的古建筑,在加强政府投入的同时,建议有关部门抓紧制定和完善有关社会捐赠和赞助的政策措施,调动社会团体、企业和个人参与文化遗产保护和管理的积极性,以多渠道解决传统村落保护和管理经费问题。

(4)政府主导、社会参与、国际合作三力合推

传统村落独特的属性决定了政府作用的必要性和非唯一性,以及政府主导、社会参与、国际合作三力合推的重要性。政府主导的必要性体现在,只有政府能决定传统村落保护过程中的市场化程度,制定传统村落保护与开发的法律法规与政策措施,决定传统村落保护开发过程中的非政府组织的参与度。以上充分体现了政府在传统村落保护、开发与减贫发展中的主导作用。社会参与的重要性体现在,传统村落的准公共属性决定了政府不是传统村落保护发展的唯一主体。社会参与包括企业、社会公益组织、专家和原住民。追求经济效益、利润最大化是企业经营的主要目的,但企业发展对传统村落保护的反哺是其社会责任的体现。社会公益组织由私人机构、民间组织、社会公众等组成,在传统村落保护与发展中具有不可忽视的宣传、监督、保护与开发作用。专家对传统村落保护具有智囊作用,组建专家技术队伍或传统村落保护专家委员会,为传统村落保护与发展建言献策,对政府科学决策和企业合理经营实施有效监督。原住民是传统村落的主体,既是传统村落保护发展的受益者,也肩负着传统村落保护的责任和义务。通过政策激励,充分发挥社会力量的作用,将有利于缓解传统村落保护资金不足的矛盾,促进传统村落保护、开发与减贫的协调发展。国际合作是国际遗产保护的成功经验,传统村落保护与发展要与国际接轨,学会与国际合作,充分利用国际组织如世界银行、亚洲银行的力量,获得更多资金、技术等方面的援助和支持。

(5)强化活态传承

传统村落的核心价值在于存续和弘扬优秀文化基因。以乡土教育为重要

内容,挖掘村落历史环境遗存的故事感、情绪感,植入非遗的动态表演、活态体验,做好文化创新性发展。注重节庆、民俗、工艺等非物质空间和公共文化的保护,挖掘地方元素,借助影视传媒等现代传播方式,传承非物质文化遗产,打造专题展示馆、传习中心,建设非遗文化生产性保护示范基地。对于濒危村落,可以通过"生态博物馆"的形式,探索乡土聚落遗产整体保护的路径,实现物质文化遗产保护与非物质文化遗产保护相结合,实现原生态的保护。

(四)重视传统村落人才振兴

传统村落是涵盖历史与现实、人与自然、物质与文化等多种要素的综合性生产生活空间,其振兴发展在依赖外部力量的同时,关键还在于通过内生力量的发展与完善,来实现村落的整体发展。传统村落振兴的主体是村落,对象是原住民,主人是原住民;传统村落的居住者、从业者、管理者、享用者主要是原住民,原住民不仅是传统村落经济的主人,传统村落社会的主角,而且是传统村落文化的载体与传承人,因此,他们是传统村落振兴真正的内在动力。传统村落振兴只有以内力为主、外力为辅才有希望,才可持续。然而目前传统村落的内力非常弱小,随着城镇化进程加快,大量农村劳动力不间断地流向城镇,只剩下文化程度低、学习能力差及存在疾病问题的老年人留守在村落,这正是传统村落发展滞后的重要原因之一,也是乡村振兴任务艰巨的一个重要因素。因此,对于传统村落的振兴,人才是关键。

传统村落人才振兴的关键在于教育。村民作为传统村落振兴的主体,其技术能力和文化素养的高低将会直接影响村落的发展方向和前景。传统村落振兴需要依靠大批高素质的村民不断更新发展理念,探索发展模式和路径,真正把村落当成自己的永久家园去建设。教育是提高村民文化素养和职业技能,促进思想观念转变的重要途径,也是文化传承的重要手段。只有通过现代教育的普及与传统教育的强化,才能提高村民的技术能力和综合素质,为传统村落振兴提供充足的人力资源和源源不断的发展动力。在传统村落振兴中应充分发挥家庭、社会的教育功能,通过讲故事、拉家常、玩游戏等活动将传统乡土文化融入日常生产生活中,培育村民的乡土情结和文化情感。在现代学校教育中,进行创新,通过传统文化进校园、进课堂、进教材等途径,促进乡土教育与现代教育的有机融合。通过发展社区教育,开办老人讲故事传习班,恢复传统游戏娱乐项目,举办良好家风家教宣讲活动,弘扬传统家规族规中的积极因素,实施乡土文化进校园等活动,强化家庭、学校和社会在文化传承方面的功能,重塑村民的传统文化情结,提高文化自信与自觉意识,使他们成为振兴村落文化的核心力量。

此外,以各种形式不断进行教育培训,提升原住民素质,促进乡风文明;通过教育机构不断为乡村培养管理与技术实用人才,高校、规划设计部门应把当前对传统村落的热情行动转化成对传统村落振兴的制度性支撑,并为此研究具体的措施,如长期与短期的人才培养,专业与课程的设置,乡村课题研究的长期性、针对性、实效性,驻村规划师、建筑师制度的建立等;吸引从事乡村文化事业的演艺人才、手工制作人才、书法篆刻人才等回乡创业,对传统建筑及时保护以及对传统文化传承和发扬;善于发现与培养村落的带头人。传统村落基层干部的文化程度绝大多数不高,大部分都处于初、高中文化程度。在村委会和基层党支部发展的过程中,把有能力、受教育程度高、优秀的村民吸收到基层干部队伍中来,从而提高干部的整体水平,激发年轻的基层干部工作的热情,提高办事效率,从而在根本上提高干部队伍的能力,这既是体现党的领导作用的需要,也是传统村落保护发展的关键。

(五)满足原住民的现代化诉求

传统村落虽然形成于历史时期,但其振兴不能脱离现代社会的发展趋势和时代主题。如果传统村落振兴僵硬地强调复古与守旧,注定会遇到来自村民及社会各方面的巨大阻力。因此,传统村落振兴不能忽视村民的现实诉求,尽力找到传统与现代、保护与利用之间的平衡点,化解相互之间的矛盾,将是传统村落振兴的关键所在。

传统村落振兴须考虑生活于现代社会中的村民的多样化需求和发展意愿,

不能一味强调所谓的原生态或"原汁原味",应该在充分尊重村民意愿的基础上,通过正确的引导,由村民自主选择发展道路,使村落保护与村民日常生产生活融为一体,既要满足村民对传统文化的依恋之情,也要满足村民对现代生活方式的渴求心理;在延续和维持传统生计方式的基础上,提高村落现代化程度,改善村民生活质量,以社会主义核心价值观引导村民树立理性消费观,使村民能充分享受主流文化带来的愉悦与快乐,获得幸福感和满足感,进而保持传统村落的生命力和活力①。

(六)构建畅通的村民参与机制

村民作为村落的建造者,见证了村落的历史进程,对村落的历史与现状、自然与人文、人与物等均有最深切、最真实的感受。他们不仅建立了村落的多样化形态,而且在村落生产生活中创造了丰富多彩的文化事象,奠定了村落的原生文化形态,因此传统村落振兴需要村民的广泛参与。当前,大多数传统村落保护与利用的主体力量来源于外界的政府或企业投入,村民只是旁观者、"被保护者""被发展者",导致的结果是建设的盲目性、随意性、短期性以及庸俗化现象频繁出现,无法有效保证村民的根本利益。此外,村民与政府在保护目的、保护理念、审美取向等认知方面都存在较大的差距,仍存在保护规制与随性生活、保护传统与过好日子、旅游开发与正常过日子的矛盾冲突。这些因素很大程度上制约了传统村落振兴的实际效果。因此,传统村落振兴应着力构建有效的村民参与机制,鼓励和引导村民充分参与,充分发挥村民的主体作用,激发村民的积极性和创新能力,在振兴中注入村民发展理念,化解村民意愿与政府政策、企业利益之间的矛盾,为传统村落的全面振兴和可持续发展提供源源不断的内生动力。

构建畅通的村民参与机制是吸引村民力量参与的重要途径。首先,政府和企业应充分意识到村民的主体地位和作用,摈弃过去对农民的狭隘认识和偏

---

① 陈兴贵.传统村落振兴的关键问题及其应对策略[J].云南民族大学学报(哲学社会科学版),2021,38(3):82-91.

见,充分肯定村民对村落发展的积极作用,主动与村民进行有效的深度沟通,了解村民的需求、诉求和自我发展能力。其次,赋予村民自主发展权力,给予充分的支持和引导,相信村民的自我发展能力,鼓励他们在相关政策法规允许的范围内,充分发挥各自的主动性,理性利用村落资源,自主谋求发展道路。再次,建立村民、学者、地方政府三方对话、协商、合作的交流沟通机制,充分利用第三方机构的调解功能,消除政府、企业与村民之间的隔阂。最后,保障村民在参与发展中的根本利益,使村民在利用中获得切实利益,由被动发展、要我保护变为自愿发展、我要保护。

(七)创新保护与发展主体

实现传统村落保护与发展主体创新,需要正确处理好政府、社会资本和村民集体之间的利益关系,确保传统村落保护与发展工作顺利开展。制定相应措施,积极鼓励企业和社会组织参与传统村落保护与发展。传统村落保护与发展面临的首要问题是保障资金不足。政府拨款不能从根本上解决传统村落保护中的资金短缺问题,企业和社会组织参与传统村落保护与发展可以缓解传统村落保护中的资金不足问题。在此过程中,政府还应制定相应的监管机制,避免企业和社会组织为盲目追求经济效益而违背参与传统村落保护的初衷。同时,政府应给予传统村落最大限度的创业帮扶政策,营造良好的传统村落创业环境,鼓励在外成功人士返乡创业,从而逐步解决传统村落人口和产业空心化问题。政府应加强基础设施建设,改善村落人居环境,为村民提供良好的生活环境,引导村民返乡生活。培养原住民的自主参与意识,采取各种激励措施,鼓励村民参与到传统村落保护中,构建形成多元主体共治的理想模式。

(八)以新业态带动传统村落振兴

积极引导社会力量参与,发展乡村旅游、民宿、康养、度假、非遗文创等特色产业,实现静态保护向活态传承转变。以项目为抓手,把生态农业作为传统村落的基础,发展并建立生态循环有机农业、特色农业品牌;把传统手工业作为传统村落的特色,鼓励支持传统手工业,提高附加值;突出发展民宿、旅游、康养、度假、休闲、"互联网+"等新产业模式。

　　传统村落是我国传统农耕文化和农业文明的重要载体,它承载和寄托了各族人民的历史记忆。振兴传统村落,让村落原住民享受到现代社会村落完善的基础设施和良好的人居环境,在生活了几百年的聚落中也能体验到现代都市社会的各种便利服务,让传统村落文化得到延续和传承,让传统村落在"沉寂"中重新焕发生机活力,让传统村落真正成为"看得见青山绿水,记得住记忆乡愁,寻得到文化根脉"的美丽田园。

3

旅游与传统村落振兴

第一节 旅游与传统村落振兴的关系

一、旅游是推动乡村振兴的重要抓手

独具特色的田园生态、传统的民俗艺术、低密度的生活方式等,是乡村特有的珍贵资源。推进乡村振兴,要注重乡村产业经济发展,一条重要路径就是发展乡村旅游。无论是分类推进乡村发展,还是培育新产业新业态,无论是发挥自然资源多重效益,还是弘扬中华优秀传统文化,都离不开旅游业的助力。正如习近平总书记所指出的:"依托丰富的红色文化资源和绿色生态资源发展乡村旅游,搞活了农村经济,是振兴乡村的好做法。"乡村旅游的一个核心目的就是要让人民群众受益,推动乡村实现"产业兴旺、生态宜居、乡风文明、治理有效、生活富裕"。旅游经济是一种复合型经济,发展旅游不仅能够提高农民收入水平、促进农业发展提质增效,而且有利于改善农村生态环境与生活面貌,通过资源整合等有效方式,带动农村经济社会发展,对于推动乡村振兴具有重要意义,是实施乡村振兴战略的重要抓手。

二、旅游是实现传统村落遗产保护与社区发展兼容的最佳产业选择之一

村落空心化、人口老龄化及人口单向外流是传统村落振兴的现实困境。如何破解这一现实困境,唯有产业发展、村民有业可就,才能舒缓人口单向外流问题。产业兴则村落兴,产业兴旺是留住村民,保存乡土传统文化,实施乡村振兴战略的重中之重。

每个传统村落的景观元素,无论是聚落选址、街区规划、院落布局、建筑构

造、村落风貌、装饰技巧,还是民俗风情,均显示了鲜明的地域个性和极强的旅游吸引功能。在城市化进程不断加快的今天,传统村落因其独特的建筑、丰厚的非物质文化资源以及原生态景观而日益成为有较强吸引功能的旅游目的地。旅游产业因其较小的消耗投入和较低的环境成本而被认为是"天然"的可持续发展优势产业。对于传统村落而言,传统村落文化遗产是旅游业发展的重要资源,旅游业是连接传统村落保护和挖掘遗产价值的纽带,旅游的发展一方面可以促进当地居民更加正确地认识祖上留给他们的遗产,加强他们的遗产保护意识,另一方面可以吸引政府和民间资本流向传统村落,并将其应用于传统村落珍稀性旅游资源的保护和开发。因此,旅游业被普遍认为是促进传统村落保护与发展兼容的普适性产业选择。借助乡村振兴战略的实施,在旅游市场需求的刺激下,旅游开发成为传统村落改善民生、助推乡村振兴的重要手段。传统村落旅游从经济、社会、文化、生态等方面契合乡村振兴战略的总要求,充分利用景观资源,促进相关产业融合发展,创造就地工作机会,解决村民就业问题,形成"以村养村、建村"的良性循环,使村民增收致富、村落繁荣稳定,使村落经济结构更趋合理,是有效解决"三农"问题,实现乡村振兴战略的重要驱动力和有效途径。

三、乡村振兴战略为传统村落发展旅游提供了良好的机遇

《乡村振兴战略规划(2018—2022 年)》中提到应统筹保护、利用和发展的关系,努力保持传统村落的完整性、真实性和延续性,对传统村落的选址格局、传统风貌、自然景观、文物古迹、历史建筑等进行切实保护,完善传统村落基础设施,改善村庄公共环境,充分发挥特色资源的作用,大力发展乡村旅游和特色产业,对传统村落保护发展新途径进行探索,促进传统村落的振兴。乡村振兴战略的实施为保护传统村落旅游资源、完善基础设施、修复生态系统、改善村容村貌提供了良好的机遇,为传统村落旅游的发展提供了良好的生态文化环境和经济、政策支持,成为传统村落旅游发展的重要战略支撑和发展目标。

四、传统村落发展旅游有利于促进传统村落的景观保护和可持续性发展

传统村落是历史的"活化石",其独特的历史文化、地域文化及周边自然环境具有很高的研究、审美、历史等价值,是传统村落发展旅游的重要条件。旅游作为乡村振兴战略实施的重要手段,传统村落适度进行旅游开发,既可以增加当地政府和居民的收入,使其有更多财力进行道路、电力、互联网等基础设施建设,又可以使年久失修的传统建筑得到修缮和维护,使传统习俗和传统手工业得到振兴;既能向游客展示和传播其价值,又能避免村落空心化,从而守护其文化、延续其活力,形成保护与发展的良性循环。由于旅游业成为促进传统村落发展的重要产业,因此,对传统村落合理开发,有效利用田园风光、山水资源,使传统村落传统文化与现代文化有机融合,形成旅游产业链,撬动传统村落经济发展,让传统村落旅游资源的价值实现最大化,是实现传统村落可持续性发展的根本保障。

第二节 传统村落的旅游功能

传统村落是自然地理环境与历史文化特色的综合反映,具有独特的景观意象。在村落的规划布局上,体现了"天人合一、顺应自然、为我所用、因地制宜、动静和谐"等我国传统的人居环境理念;在建筑艺术上,集中体现了地域文化特质,比如,立体交融的窑洞式建筑是顺应黄土高原自然环境,为我所用的结果,山西高墙单坡的深宅大院是晋商文化的写照,城堡式建筑则是防御战乱的体现。传统村落是物质文化与非物质文化的综合载体,丰富多彩的民间艺术、手工技艺深深地打上了地方色彩的烙印。丰富多元的构景元素构成了传统村落景观的稀有性、独特性和原生态性,使传统村落在建筑风格、民风乡俗、村落气氛上具有独特的地域特征和文化特征,从而产生了独特的旅游吸引功能。

一、传统村落特有的景观意象，具有观光游览功能

　　景观意象即地方个性。每个传统村落都有其独特的景观意象，包括聚落建筑及其周边的山水草木等原生态赋存环境。景观意象是对一个地域自然、历史、文化、艺术等各种元素的直观表达，或沧桑或古老，或安逸或温馨，四季皆有景，人身临其境时心旷神怡，更会对大自然的神奇与人类的聪慧浮想联翩，这就是传统村落景观所具备的最基本的观光游览功能。每个传统村落都应该找到自己的唯一性、独占性，这也是旅游的卖点、吸引点。传统村落旅游能给人带来强烈的视觉冲击，这种视觉冲击来自传统村落独特的景观意象。每一个传统村落都对地方个性有着极强的表达力，如黄河窑洞是其与自然环境相适应的结果，深宅大院是晋商文化的体现，城堡防御是对战乱的适应等（图3-1）。

图 3-1　传统村落特有的景观意象

二、传统村落乡土风貌和原生态生活，具备旅游休闲体验功能

　　休闲旅游日渐成为城市居民的重要旅游形式，很多旅游者喜欢前往海滨、湖滨、山岳、森林等地进行休闲度假，传统村落和古镇也逐渐成为重要的休闲度假目的地。传统村落多分布于山水交融、风光秀美之地，远离城市和现代工业文明的冲击，它们沿袭着古老的文化传统和习俗，坚守着自己的伦理道德，较好地保存了原生态的自然和文化。对于久居繁华都市的人群而言，传统村落可以满足人们对原生态及回归情感的需求，置身于这种田园生态之中，散步、喝茶、聊天、渡船……自然是返璞归真、回归自然的最佳休闲体验。

三、景文结合的建筑艺术，具有文化体验和科学研究功能

人们对传统村落旅游趋之若鹜的重要原因之一是传统村落选址、格局、风貌带来的舒服感，这种感觉来源于传统村落天人合一、景文结合产生的原生态美感。当传统村落选址不尽如人意时，先人们便通过建筑手法来创造天人合一景象。山西临县李家山村民居建筑"顺应自然，为我所用"，窑洞依山顺坡，因地制宜，动静和谐。西湾村背山面水，巧借风水之利；张壁古堡的地道设计可谓精心；晋中各大院的双喜字布局、寿字型布局更是体现了古时的礼制吉祥文化。传统村落建筑艺术的旅游吸引力并不仅仅在于多元化的美感，还在于其景文结合所蕴藏的深厚历史文化、建筑艺术的创作与表达手法以及由此揭示的令人叹为观止的科学内涵，成为建筑、文物、考古、摄影、美术乃至社会、聚落、民俗等学科领域科学研究的"活化石"。传统村落的选址、布局、道路设置、建筑规制中蕴含着丰富文化内涵和创意，反映了深厚的中国历史文化，既是传统村落民居建筑的瑰宝，也是传统村落旅游的精华所在。所以，在传统村落热衷于成为旅游景区的同时，不可忽视传统村落的修学文化体验与科学考察研究等专业旅游功能，传统村落景文结合的建筑艺术如图 3-2 所示。

图 3-2　传统村落景文结合的建筑艺术

四、精美绝伦的雕刻艺术，具有建筑艺术审美功能

玲珑剔透的砖雕、精巧华丽的木雕、圆润细腻的石雕合称为"三雕"。"三雕"是依附建筑实体存在的一种艺术表现形式，不仅与建筑整体浑厚质朴的风格相融合，还丰富了建筑的形式，建筑的立体感更加丰富强烈，建筑的形象也更

加和谐优美。这些雕刻艺术充分运用在传统村落建筑中,房檐、门窗、影壁、山墙等无不出现"三雕"的影子。精心构思巧妙设计的雕梁画栋间蕴藏了丰富多彩的文化内涵,体现了中国传统的道德文化和审美情趣。如山西丁村木雕、砖雕、石刻,西文兴村柳氏民居精美雕刻,闫景村李家大院木雕,良户村雕饰集砖雕、石雕、木雕于一体等,这些都是"三雕"艺术绝伦的传统村落。徽州"三雕"是国家级非物质文化遗产,其内容主要为民间传说、戏文故事、花鸟瑞兽、龙狮马鹿、名胜风光、民情风俗、渔樵耕读、明暗八仙和博古吉图等,雕刻技法一般多为浮雕,杂有透雕、圆雕、线雕与多种技法的并用。宏村的承志堂和木雕楼,西递的"松石""竹梅"姐妹石雕漏窗都是其代表作,传统村落的雕刻艺术如图 3-3 所示。

图 3-3　传统村落的雕刻艺术

五、淳朴而丰富多彩的民风民俗,具有人文体验功能

传统村落是一个包罗万象的文化综合体,它不仅有充满地域、民族风格的民居与建筑等物质文化遗产,也有居住者的日常生活、劳动生产、衣食起居、宗教信仰、节庆礼仪、人际关系、娱乐表演、婚丧嫁娶、口头文学、民间艺术等全套的非物质文化遗产。传统村落是先民繁衍生息的聚居地,以农耕、狩猎、畜牧等自给自足的自然经济为主。如今传统村落原住民多世代而居,少有迁移,他们沿袭着古老的文化传统和习俗,坚守着自己的伦理和道德。他们远离城市和现代文明的冲击,较好地保存了乡土的原生态,对繁华喧嚣的都市中寻求释放解

脱的人群有着强烈的吸引力,是返璞归真的绝佳旅游去处。民俗文化是由原居民及其传统的生活方式和状态、民间艺术组成的旅游吸引物。许多民俗文化散布于传统村落中,如剪纸、泥塑、面塑、音乐、戏曲等,它们是传统村落的生命力所在,更是传统村落旅游的吸引力所在(图3-4)。

图 3-4 传统村落丰富多彩的民风民俗

六、锦上添花的名人文化,具有文化旅游吸引功能

传统村落经过历史文化的洗礼,延续至今,历史上出过很多名人,这些名人既为传统村落留下了宝贵的建筑遗产,又丰富了传统村落旅游的文化内涵,成为传统村落旅游的一大吸引功能。部分名人故居型传统村落见表3-1。

表 3-1 部分名人故居型传统村落

村落名称	名 人	备 注
山西省平定县大阳泉村	张 穆	清代地理学家、诗人
山西省寿阳县平舒村	祁寯藻	三代帝师
山西省阳城县皇城村	陈廷敬	主编《康熙字典》
山西省高平市良户村	田逢吉	清代名臣
山西省沁水县西文兴村	柳宗元	唐宋八大家之一
山西省阳泉市小河村	石评梅	民国四大才女之一
山西省榆次区相立村	蔺相如	战国时期赵国政治家、外交家
山西省沁水县尉迟村	赵树理	现代小说家,山药蛋派创始人
山西省文水县南徐村	武则天	中国历史上唯一的正统女皇帝
河北省磁县北王庄村	霍成忠	开国大校
浙江省遂昌县长濂村	杨守勤	明代状元、翰林院修撰

续表

村落名称	名 人	备 注
福建省宁化县上坪村	杨宽健	嘉庆癸亥年赐封昭武大夫
福建省尤溪县桂峰村	蔡 襄	北宋四大家之一
四川省金堂县金箱村	贺 麟	著名哲学家、"新心学"创建者
广东省佛山市汤南村	汤恩礼	明朝八世祖,官将仕郎
广东省肇庆市邓屋村	邓植仪 邓锡铭	中国土壤学之父 中国激光科技之父
广东省中山市翠亨村	孙中山	中国民主革命的伟大先驱
山东省龙口市馆前后徐村	徐镜心	辛亥革命先驱
湖南省湘潭市韶山村	毛泽东	中国共产党、中国人民解放军和中华人民共和国的主要缔造者和领导人

第三节 旅游驱动下的传统村落振兴

一、传统村落旅游发展中存在的主要问题

(一)旅游发展过程中的破坏现象明显

首先,由于缺乏科学的规划,传统村落旅游建设性破坏现象严重。如在传统村落修建大型广场、宾馆,搞形象工程;对古建筑进行不恰当的重新包装,在建筑材料、颜色及施工工艺等方面进行人为改变,使古建筑"旧貌换新颜",历史风貌荡然无存。其次,由于对传统村落保护的理解有偏差,盲目保护或局限性保护现象出现。如"文物建筑之外,皆为非法定保护";只有那些能够成为旅游卖点的局部"景物"才得到保护或只保护物质环境,忽视社会历史环境;还有"博物馆冻结式"保护,将传统村落与原住民生活割裂开来,对原住民实行盲目搬迁,使传统村落成为"空壳"和"毫无生机的主题公园"。最后,一切为了旅游,

在传统村落大兴土木修建仿古建筑、仿古一条街，再现"××"时代风貌，虽然短期内会带来一些经济效益，但与文化遗产保护的原真性原则相违背，严重破坏传统村落原真性文化特征和原生态自然环境。另外，还有旅游项目的选择与传统村落传统氛围和环境不符，对原住民传统生活方式、民俗民风挖掘不够；旅游购物品大众化；无视历史文化遗产脆弱的特点，不加限制地接待大量游客，对古建筑或传统村落环境造成严重损害；影视剧拍摄不加限制，人造景观与传统村落风貌不协调等旅游破坏现象存在。

（二）旅游产品项目单一，业态融合不深

传统村落旅游除一些成熟型景区外，总体上仍处于自发性发展阶段，旅游开发存在一定的盲目性，个别村庄甚至处于无序状态。由于缺乏对传统村落文化内涵的挖掘和对市场的细分，传统村落旅游开发模式单一，大多数传统村落旅游定位于大众观光旅游，产品替代性明显，尽管各级政府与相关管理部门对传统村落文化旅游开发的投资与建设都在不断加强，传统村落开发也已有成功案例，但大多数传统村落文化资源的内涵挖掘不够，仅局限于静态展示的方式，产品的可视性、参与性、体验性和娱乐性仍较缺乏，绝大多数以观光产品为主，缺乏能满足游客精神需求的氛围。多为走马观花式旅游，一张门票或者免门票，一条线路，几个老屋，一碗小吃，一点土产，面目雷同，同质化明显，导游讲解缺乏文化内涵，游客游后感受与体验不深，调研结果显示，89.7%的游客认为乡村旅游同质化明显，"刚开始还有新鲜感，去多了就觉得大同小异"。59.6%的游客期待深度体验乡村，"很想住下来，体验一下乡村的文化，比如传统习俗、非遗等，像小时候那样赶集也不错"。加之宣传推介力度不够，尚未形成对市场有冲击力的产品，更缺乏游客必选的传统村落文化旅游精品。在农产品供给上，不少乡村旅游目的地都设置了农副土特产展销区，但大多是当地农户自主经营粗加工的，几乎没有实现品牌化、规模化经营，84.7%的游客消费愿望一般，"卖的东西到处都一样，很难有掏腰包的冲动"。此外，产品多样性差，休闲旅居、健康养生、数字文创等新业态互动不足，往往造成游客停留时间短，消费受限制。

（三）"公地悲剧"现象凸显

作为公共旅游资源，传统村落旅游会给地方带来良好的经济和社会效益，正是这种经济和社会效益的驱动，造成传统村落各方利益主体间的博弈。从经济学博弈论的角度看，传统村落开发中涉及管理者、经营者、使用者、所有者等多方博弈，这不可避免地会导致旅游开发过程中出现"公地悲剧"现象。

1.管理者

管理者往往利用自身对传统村落资源的管理权限从旅游中受益，而忽视对传统村落旅游科学性、规范化以及资源保护的监管，导致传统村落旅游建设性破坏，盲目保护或局限性保护以及破坏性保护，调研中还发现，有些传统村落采取"博物馆冻结式"保护，将原住民从传统村落搬迁，使传统村落变成了空壳和毫无生机的遗址公园，村落可持续发展无从谈起。从开发经营者来看，主要表现为旅游开发的短期行为，如一切为了旅游而大兴土木；不加限制地接待游客；对传统村落旅游资源重利用、轻保护、不投入，"坐吃山空"等，使传统村落失去长久的生命力。

2.原住民

许多原住民争相利用房产、家庭生活、手工艺等私有产权开办旅馆或从事相关旅游产业，有的甚至开墙设店、乱修乱建，同时无节制地使用公用水资源、道路、电等公共产权，向公共空间排放污水、废弃物等，破坏了传统村落的原有风貌。尤其是原住民越来越多地放弃原有的生产和生活方式，传统村落旅游的核心资源逐渐削弱，导致传统村落品牌受损。

3.游客

进入传统村落旅游地后，有些游客自恃花钱购买了旅游产品，放纵个人游览中的不负责任行为，尽情享受不受行为规范和环境保护义务约束的自由，不加节制地使用有限的水电资源，随意踩踏植物，采摘花草，不加考虑地向道路、树丛、河流中丢垃圾和废品，情不自禁地炫耀自己作为城市人的物质富裕程度。对传统村落而言，其后果要么是传统村落资源迅速消耗，传统村落失去原真性而毫无价值；要么是政府提供制度约束、加大投资维护力度，使传统村落资源得以永续发展。

（四）原住民参与性不强，利益边缘化

旅游活动本身就是一项旅游者与旅游地居民之间交往互动的过程，而传统村落旅游所涉及的旅游环境更是离不开原住民的参与。传统村落原住民及其生活状态是构成其原生态旅游的重要组成部分，是传统村落旅游的核心资源，不仅古宅、古街、风土人情等是传统村落旅游的重要内容，而且世代生活于其中的村民及其日常表现也是传统村落景观的重要组成部分，没有了他们，那些老房屋和旧宅院无异于引发些许沧桑感的老照片；离开他们，那些旧有的生活习惯和方式、文化传统和民间工艺也就荡然无存了。因而传统村落旅游开发中原住民利益尤应受到关注。从另一个角度来讲，传统村落旅游的有效开展也离不开原住民的积极参与和支持。一个旅游地旅游业发展得好坏，与是否注重与当地社区的交往沟通息息相关，好的社区基础有助于推动当地旅游业的正常发展，反之亦然。然而，在旅游开发中，传统村落居民的利益诉求却往往被推到了利益同心圆的最边缘。

1.原住民经济利益得不到重视

原住民经济利益得不到重视的情况在企业主导的开发经营中最为明显。村民经济利益边缘化的状况必将影响其对旅游的支持态度，从而导致原住民对开发商、游客的抵触和不欢迎等现象，最终影响传统村落旅游发展。只能从个体经营中获利的村民被逐向追求商业利润的极端，其结果将是传统村落民风民俗的败坏以及商业化倾向的加剧。

2.原住民物质生活条件改善的利益诉求得不到满足

在调研中发现，大多数传统村落的居民希望通过开发旅游改变生活条件，提高生活水平。但在旅游发展过程中，开发商、政府、社区利益诉求不能兼顾，旅游经营者忽视基础设施的投资和社区环境的建设，居民利益无法得到保障。如按照传统村落文化遗产保护的要求，原住民的房子不能随意翻修，但政府无

法给予足够的资金补贴,原住民对现代化生活的要求也得不到满足。

3.原住民在旅游开发中不参与决策,不参与分红

现行体制下,民主管理观念的淡薄、居民参与意识不强、社会利益公平机制的不完善、强势主体对利益的追求等原因导致在村落发展、村落规划的决策方面忽视原住民的参与,极少征求原住民的意见和建议,很少考虑原住民的态度、愿望和要求。规划决策过程主要是由政府、开发企业和部分专家决定的。在签订经营合同时,也主要是由地方政府与经营企业之间洽谈,而土地的所有者、村委会、房屋的所有者、村民,均鲜有发表意见的机会和途径。作为传统村落主体的原住民不仅没有本地旅游开发管理的知情权和发言权,而且得不到旅游收益的分红,即便由政府主导也未充分考虑到原住民的权利。原住民得到的实惠越少,对旅游的积极性就越小,有的因为不配合旅游还会带来一定的负面影响,使游客的实际体验与期望值存在较大差距,久而久之,导致游客量下降。

4.原住民隐私保护未受重视,生活受扰

传统村落旅游具有景区与居民生活区叠置的特性,原住民及其生活是传统村落旅游的核心吸引物,在旅游开发中,游客可以随意推开任何一幢宅院的门扉参观,作为私家住宅毫无隐私可言,原住民在传统村落的主体感受遭到破坏,同时原住民传统的核心价值观被外来文化冲击和融合,原来和谐淳朴的民俗民风随着旅游发展的加快而逐渐为商业竞争所取代。在对传统村落旅游的调研中发现,90%以上的原住民抱怨旅游破坏了他们昔日淳朴的民风,村民之间原有的互助、和谐气氛日益被不择手段的竞争所取代。

(五)有限的环境承载量和较低的旅游接待能力与日渐增多的游客数量相冲突

相对其他景区而言,传统村落人口数量少,空间有限,生态系统脆弱,加之传统村落大多地处交通闭塞、经济相对落后的地区,政府投入相对不足,资金短缺,村落道路交通、水电、排污、购物等旅游设施相对落后,尤其是垃圾处理和污水净化系统不完善,环境管理能力差,环境承载量非常有限。而传统村落成为旅游目的地之后,大量游客到来,使村内人口数量大增,生态和环境问题日益显现。传统村落有限的环境容量将在今后较长一段时间内限制传统村落旅游发展的规模。接待设施标准化程度低也是传统村落旅游发展受限的原因之一。

(六)土地利用存在供需矛盾

受现行农村土地政策和产权制度的制约,农村集体建设用地使用政策与传统村落发展中的土地利用存在供需矛盾。民宿产业发展推动了传统村落古民居保护利用和乡村旅游转型升级,但囿于产权及非标准住宿设施准入等因素,外来投资者存在顾虑。

二、旅游驱动的传统村落振兴经验借鉴

(一)社区营造的典范:日本古川町

古川町于 1589 年建成,是位于日本关西岐阜县的山城小镇,南边为城,北边为寺院,东边为武士住宅区,西边为商人住宅区。翠绿山脉四面环绕,整齐木造街屋排列,溪水清澈。古川町中心分为三町,风景秀丽,景点众多。四面翠绿的山脉及清澈的溪水,环抱着与世无争的山居岁月。这风光明媚的小镇,最令人称道的倒不是四周的自然景观,而是历经四十年持续不断的社区营造。古川町的全体居民例行改善了自己的生活环境,其成功多样的社区总体营造活动及成果,获得了日本的"故乡营造大奖",也是日本社区营造成功的典范之一。

1950—1970 年,伴随着日本城市化和工业化的发展,农村人口大量涌入城市,传统的村落社会迅速崩塌。青壮年大规模离开,只剩下儿童和老弱病残。工厂排放着污染物,养殖场散发着恶臭,村庄被垃圾包围,更不要提对当地产业、自然资源、文化遗产的保护了。古川町也因为劳动力的流失经济水平低下、居民生活质量差、人心颓废。濑户川,一条流经古川町的溪流,也因为工业污染而变成一条布满淤泥、又脏又臭的"臭水沟"。

1.营造生态宜居的环境

从 20 世纪 60 年代初开始,古川町的居民就自发开始清理濑户川,全镇男

女老少一起动手清理河床的淤泥和垃圾。清理这条被污染了的濑户川,是古川町重生的第一步,也在每个居民心中种下了社区营造的种子。在日本,锦鲤被称为"国鱼",寓意吉祥欢乐,还象征着和平、友谊,常常出现在各国的世界博览会。1968 年,一家当地报社发起濑户川投放鲤鱼的计划,从而提醒居民要定期维护好水质。这些鲤鱼成了古川町居民共同的财产,于是居民不仅不往河道里扔垃圾,还形成了一种强烈的责任感,把小河当作自己家的一部分,定期都会去认真打理。现在,美丽的濑户川成了大家共同的骄傲,锦鲤图案也化身为古川町象征性的风景。

濑户川的再造成为一个起点,水道周边的环境美化也顺理成章地展开,人行道、小桥、栏杆、座椅都开始变得美轮美奂。居民开始意识到,可以依靠自己的力量大幅改善生活环境,1970 年,当地制定了《古川町市街地景观保存自治条例》,防止古川町的不当开发。

2.挖掘优势产业,复兴传统工艺

古川町所在的飞騨地区周边山林资源丰富,林木产业为当地一大产业。而古川町有一个别号叫"木匠的故乡",每 120 个人中就有一位木匠,全镇有 160 位木匠,木匠的人口密度居全国之冠。这里匠师最擅长飞騨工艺,他们的房屋是运用传统的技术方法建造而成的,不用任何金属钉,纯木质建造。每一位匠师都可以在装饰纹样上发挥个人创意特色,不同匠师打造房屋的云式雕饰各不相同,形成了特点鲜明又具有整体性的建筑和文化特色。在东京大学西村教授的倡议下,当地建造了一个飞騨工匠文化馆,来展示和赞扬古川工匠的精湛技艺,并且把古川町的飞騨工艺提升到一个更高的传统文化层次。这个文化馆是社区营造的里程碑,它的成功改造同时也带动了周边环境改造,文化馆附近的广场被打造成新的市镇中心,也是居民休闲交流的重要场所。

为了保证古川町的传统风貌,居民之间形成了一种默契,在房屋建造的风格、高度、颜色、材料等方面达成了不成文的"老规矩",希望能保留一种"优雅"的氛围。随着旅游业发展和外地居民涌入,出现了打破"老规矩"的现象时,居民又一起聚集起来讨论,并出台了《都市景观基本方针》来规范小镇建筑的风格样式,且使用补贴鼓励传统房屋的建造。图3-5为日本古川町景观。

图 3-5　日本古川町

3.延续传统习俗,维系文化纽带

古川町居民对传统文化习俗和节日十分重视,每年飞骅古川祭、花车巡游等传统节日和习俗,都是全体居民共同规划共同出力完成的,就算久居在外的年轻人也会赶回家乡来参与,这也是社区意识形成的重要过程。这些传统节日和习俗,是维系当地文化和居民情感的纽带。所以有人说古川町优美的传统空间不是一个空洞的空间形式,而是一个完整的传统文化系统的一部分,传统文化下生活的人造就了古川町的城市形态。

古川町改造后的风貌魅力以及社区营造的理念,极大地带动了当地旅游产业的发展,每年接待游客上百万,并在1993年获得了日本"故乡营造大奖",成为日本故乡再造的典范,"故乡再造旅游"也成为人们新的旅游方式。

4.经验借鉴

(1)古川町一路走来,并不是靠政府的指导摆布,而是由村民自己来民主决定的。村民组成了各种各样的组织,为建设故乡出谋划策,发挥居民力量的同时也形成凝聚力,在参与中也能增强居民的融入感、自豪感和成就感。政府只是充当服务者的角色。

(2)传统是古川町社区营造的基础,但传统既是物质的,也是精神的。传统的文化活动是将古川人凝结在一起的另一纽带。充分发掘本地区优势资源、文化、产业,把它们保护好、继承好并不断发扬光大。

(3)成功的社区营造除了依靠当地居民,也离不开社会团体、政府以及相关专业人士的支持。

(二)乡土生态建设典范:台湾桃米村

桃米村位于台湾南投县埔里镇,距离日月潭15分钟车程,是中潭公路往日月潭的必经之地,面积18平方千米。这里依山傍水,有六大溪流流经此地。由于维护良好,桃米村水流清澈,植被葱郁,农田、村落、森林及多样性的湿地相交错,孕育了丰富的生态资源:蛙类23种、蜻蜓56种、蝴蝶151种、鸟类72种。如今的桃米村可谓是田园风光无限,充满一片祥和氛围。但是曾经的桃米村却千疮百孔,1999年的"921"大地震,桃米村369户中62%受到重创,村子基本被夷为平地。这场地震,让桃米村长久以来的传统农村产业没落、人口外流、垃圾填埋等问题一下子暴露于人前。在灾后重建过程中,桃米村在政府、学界、社会组织及小区居民的努力下,以建设"生态桃米村"为方向,使桃米村从一个环境杂乱、发展无力的边缘社区,转型成为一个融有机农业、生态保育、文化创意等于一体的乡土生态建设典范(图3-6)。

图 3-6　台湾桃米村

1.产业为用——突出原乡创意的"青蛙共和国"

桃米村蕴藏着丰富的生态资源,台湾有29种原生青蛙,仅桃米村就占了23种,这是其他地区所不具备的优势。早年,桃米村在山林间辟地种植地瓜、水稻,一直以来以农业为生。20世纪90年代初期,以麻竹笋为主要产业,辛劳一年的农民收入水平很低。在重建过程中,桃米人对当地资源进行了深入挖掘,重新定位了自己的产业——全台首个以青蛙观光为特色的生态旅游休闲产业。

桃米村民通过挖掘资源潜力,将"青蛙共和国"提炼为新的文化符号,把青蛙设计成各种可爱的卡通形象,遍布乡村醒目位置。村民还亲自动手,用纸、布、石头等乡村材料,制作手工艺品,俨然使桃米村变成了一个昆虫生态文化体验休闲区。桃米村的产业还从青蛙观光、生态旅游,走向了影视媒体,产业链条不断延伸,2014年的一部3D立体动画电影——《桃蛙源记》,就是以桃米村为原型拍摄的。

2.生态为底——恢复生态环境的"清溪活动"

桃米溪是桃米村里重要的水资源,但曾经这里却堆满了垃圾,污染严重。为恢复生态环境,桃米人以"清溪活动"作为重建家园的起点,进行了为期两年的封溪治理,并为此举办了声势浩大的封溪誓师大会,为发展"生态桃米村"的旅游业奠定了生态基础。桃米溪是桃米村里第一个用生态工法改造的河流,在改造的同时还建造了亲水公园与观景台。

3.文化挖掘——重塑社区精神的"纸教堂"

纸教堂是桃米村重建中的一个关键性项目。它是台湾第一座纸建筑,内部由五十八根纸管支撑,室内与室外的长椅也都是用纸制作的。这个教堂象征着桃米村坚贞而博爱的精神信仰,既是社区精神和生态文明的诠释中心,又是当地开展其他重要活动的社区生活中心。围绕纸教堂,周边还建有生态文化园区,里面设有遵循自然农法的"农之园",推广在地农产的"食之堂",推行创作工艺的"市之集",艺术与生态结合的"艺之地",提倡学习的"学之房",以及鼓励人们亲自体验的"工之坊"。当地居民和游客在此除了观景,参加活动,还可交流、购物与食宿。这些景观与纸教堂交相辉映,给人一种回归自然的宁静之感。

4.社区营造——构建情怀互动的民宿

桃米村在重建初期,鼓励有条件的居民先把自家旧房打扫一两间出来试运营,并且邀请农委会、世新大学等多位专家,向村民普及休闲产业的相关知识及生态解说技巧,引导社区居民学习生态工法、休闲民宿经营。同时,"造屋"的过程也成了重塑社区核心价值的契机,进而将桃米村推向了"合作与互助的时代",逐渐把人与人之间的感情联结了起来。随着桃米村生态观光旅游产业的发展,目前桃米村已建立了比较完善的观光休闲网络,提供生态导览解说,并成立了 30 多家合法民宿。

5.成功转型——乡村生态社区的典范

桃米村凭借其丰富的自然资源及专业团队的协助,成功向兼顾生态保育与观光休闲的农村区域方向发展。生态产业已经成为桃米生态村的主要产业,村里五分之一的村民都在经营生态产业,而其他村民经营的传统农业,也因为生态旅游带动而升值。现在,桃米村还向外输出自己的生态产业和生态文化,帮助别的地方发展生态产业。桃米村的重建也促进了桃米农业走向休闲化,并于2007 年审核通过成为"南投县埔里镇桃米休闲农业区"。桃米村从一个老旧没落的乡村社区成功转型为台湾乡村生态社区永续经营的典范。

桃米村将以生态为本的理念贯彻到每个角落,形成了参与度广、体验性强的系统性人文、生态工程,同时也为桃米村带来了巨大的效益:有数据显示,2016 年,拥有 1 200 多名原住民的桃米村节假日日均接待游客 1 500 人,平日每天接待游客 500 人,每年门票收入达 200 万元人民币,住宿、餐饮、农副产品、手工艺品收入达 800 万元人民币。

6.经验借鉴

桃米村在重塑产业的过程中,以保护生态为出发点,考察调研当地物种资源,提炼文化符号,打造生态农业观光村,将生产、生活、生态和农业、加工业、旅游业有机结合,实现了生态农业、休闲旅游、田园居住等复合功能,为人们描绘了一幅"采菊东篱下,悠然见南山"的美妙图景,是一种可持续的发展模式。

桃米村的成功经验是："人"的力量改变了桃米。桃米的成功就是因为拥有一群愿意改变的村民,村民作为土地的拥有者、房屋的拥有者、农业的劳动者、乡村的建设者、文化的活化者、乡村智慧的经验者,必须参与到乡村旅游的发展中来,发挥他们的智慧、劳动、经验。"人"是乡村旅游可持续发展、健康发展必不可少的力量。

(三)一二三产高度融合的典范:浙江省荻浦村

浙江省桐庐县荻浦村建于宋代,是一个具有900多年历史的典型江南村落,村子临应家溪,旧时溪边荻草丛生,称为荻溪。明代时,村民在此凿沟引水灌田,称荻浦,村以此得名。荻浦村村内香樟林立、溪水潺潺。在绿树浓荫环抱下,一幢幢明清老屋错落有致、恬静自然,恰如一幅幅随意点染,却又处处精致的水墨画(图3-7)。

图 3-7　浙江省桐庐县荻浦村

1.活态的村落保护方式

作为千年古村,荻浦村秉承"在保护中开发,在开发中保护"的理念,积极推进古建筑修缮利用工程,保留了40幢古民居和古迹,传承了古造纸文化、古戏曲文化、孝义文化等传统文化。2010年起,村内出资将始建于宋、重构于元的古戏台保庆堂改造为村文化礼堂,用活态保护的方式对文保单位进行保护与利用。除此之外,对于其他历史建筑,采用编号的方式进行有序保护;对于闲置村舍,根据每幢古建筑的特点,结合历史典故传说挖掘,重新定位、拓展功用,引用土为洋用的改造和经营理念,将现代生活方式与传统农耕文明嫁接,盘活了农村闲置房屋资产,促进了城乡要素的流动,成就美丽乡村到美丽经济的嬗变,形成全域景区化的"明星村"。

2.兴旺的产业综合发展

荻浦村在优越的自然生态条件和便捷的交通条件基础上,创新运用"洋为中用,古为今用"的手法,以旅促农,用旅游景区的大概念,以300多亩的荻浦花海为起点,构成"花海"旅游景观带,结合动漫元素打造风情花海,定期举办乡村音乐季,实现新型城镇化背景下传统村落转型,同时与民俗展馆、民宿、手工艺展示群、茶馆和咖啡屋等个体经济相结合,形成了富有特色的文化旅游集散地。镇政府通过引入旅游公司,对被村民遗弃的5间牛栏进行综合整治,凭着让城里人更深入地体验乡土文化,感受原生态的风貌气息的原则,成功地打造了文化体验新品牌,并吸引年轻人回乡创业,实现村民和村落经济的大丰收。荻浦村获得了国际休闲乡村示范点、国家AAAA级景区等美誉,成为农村一二三产业高度融合,协调发展的典型示范。

3.绿色的生态宜居环境

荻浦村以景区的理念规范全村,以景点的要求建设家乡,重点实行村落传统建筑修复、村民庭院整治、村落水系水塘治理、农村垃圾分类收集清运、传统村道硬化、村庄生态环境绿化等,拆迁200多间房屋,100多间猪栏,扩建了5 000多平方米绿化面积,建成溪韵广场、孝义文化公园、梨花苑等景观。恢复、重建了孝子牌坊、理公墓碑、古纸槽等文化古迹,使得整个村落卵石铺路,绿水成荫,鱼儿畅游,村街小巷干净整洁,历史文化气息浓郁,打造出以"古生态"为主题的村落环境,树立起"全域景区化"的美丽乡村建设新理念。

4.孝义的乡风文明氛围

史料记载,清乾隆年间,荻浦村出了一个大孝子申屠开基,由乾隆帝御批赐孝子牌坊。现在孝子牌坊已经重建在松垅里,孝子精神成为荻浦特色孝义文化的开端并被村民世代传承。作为以"孝义"文化为代表的千年村落,荻浦村近年来积极打造以"孝义荻浦"为鲜明主题的村落,大力创新"孝义"文化的传承方式与传播载体,通过谱写传颂以"孝义"为主题的村歌、"孝义"精神上墙、举办以"孝义"为主题的文化娱乐活动、开展最美家庭评选表彰活动、创办"孝义"文化教育实践基地等多种方式,把尊崇"孝义"文化内化为村民的自觉行为,构建起村与人同美的和谐氛围。

村里还建起了老年大学、农家书屋、托老服务中心,办起了村腰鼓队培训、文化排舞等活动,深入开展"身边好人"微评议、"最美人物"微宣讲、"凡人善举"微公益的"三微联动"系列活动,组建道德模范先进事迹宣讲团,极大地丰富了村民的文化娱乐活动,满足老年人的物质需要和精神需求,形成良好的民风、家风、村风。

5.多元的社会治理体系

在创新社会治理体系建设上,荻浦村营造出了"支部带头,党员示范,全民参与"的多元社会治理氛围。一是创新基层党建网格化管理,以村党组织为核心,按照"无盲点、无遗漏、全覆盖"的原则下设保庆堂、松垄、广场三个网格党支部,将公安、市场监管、国土、城管等多方力量纳入,构建了多元化多层次的"一长三员"队伍,全面负责承担网格区域内基层党建、重点工作、环境治理、服务群众、网格自治等职责功能。二是党组织构建"五事争先"(干好本职事、做好身边事、管好家庭事、参与公益事、完成组织事)的合格党员标准,积极开展党员设岗定责工作,划定古建筑保护岗、绿化养护岗、爱卫岗、交管队、老党员大碗茶、旅游咨询等志愿服务岗位,充分发挥党员在村级治理方面的先锋模范作用,实现党员服务工作与村落日常生活的深度融合。三是积极推行"柔性治理"理念,以"引导不强制"的思路开展村级治理工作,以文明家庭创建、最美庭院评选等活动为抓手,引导全体村民潜移默化形成"文明立村、环境立村"的普遍共识。同时,充分调动发挥全体村民的监督作用(如发动学生群体评选全村最美、最差庭院活动),形成全村构建美丽乡村环境氛围,培育和美文明乡风的"软"压力。

6.经验借鉴

文化振兴焕发乡风文明新气象。如何让昔日荒芜的农村、留守的农村变成记忆中的故园？改变村容村貌是重要一环，要让村庄有血有肉、充满灵气，唯有因地制宜，量身定制做好乡村的发展规划，坚持以绿色发展理念为引领，探索出适合自身的发展道路。

获浦村从"空心村"到引逆城市化村的经验告诉我们，创新思路是关键。乡村建设如果摈弃大拆大建，保护好古建筑、古树、古院落，将原来废弃的猪舍、牛栏，改造为有文化创意色彩的茶吧、咖啡馆，既可以达到循环利用效果，又能吸引更多的游客前来消费，变废为宝，从而打造质朴却不失个性的村居环境，是一条一举多得的良性发展之路。

（四）红色旅游典范：湖南省韶山村

湖南省韶山市韶山村是我国著名革命纪念地、爱国主义教育基地，多年来，韶山村依靠得天独厚的红色旅游资源，以产业融合、生态保护为抓手，全力推进乡村振兴和美丽乡村建设，带领全村人民走出了一条发展致富的路径。如今，韶山村已经形成了以红色培训、政商活动、研学旅游、乡村休闲为主的知名旅游品牌，旅游与产业发展紧密结合共同发展，先后荣获全国经典文化名村、全国森林乡村示范村、全国"一村一品"示范村、全国特色景观旅游名村、全国乡村旅游重点村等称号（图3-8）。

图 3-8　湖南省韶山村

1.兴旺的产业综合发展

20 世纪 90 年代以来，韶山村积极探索一条以农业为基础、以红色旅游为龙头的发展路子,注重红色文化保护和传承,在原有毛泽东同志故居、毛泽东广场、滴水洞、纪念馆等重要红色文化景点景观基础上,又开发建设了中共韶山特别支部历史陈列馆、毛泽东纪念园、李家祠堂等景点,充分发挥毛主席家乡影响力,打造文化旅游精品项目。此外,还成功打造了"万人同唱东方红""万人同吃福寿面""万人健身长跑"的"三万"活动,产生了巨大影响。

"绿色观光"是韶山村旅游发展的另一个重要思路,大力提倡田园综合体建设,推进农业供给侧结构性改革,兴建了无花果基地 100 亩,红杜鹃花卉苗木基地 170 亩,湘莲 150 亩,杨梅 100 亩等。通过开发农事体验性旅游活动,培育篱园采摘、特色民宿、农庄度假等旅游业态,推动了特色农产品、手工艺品向旅游商品转化,让村民成为旅游发展的参与者、受益者。目前,韶山村已经形成了以毛主席系列纪念品、毛家食品、韶山村矿泉水、毛氏特产、祖田米、韶峰茶等系列旅游产品为龙头的生产销售产业。民宿产业、观光旅游业、休闲农业也渐成规模,"远方的家""山间小住""梦溪乡宿"等 80 多家由村民自办的民宿,以质朴清新的面孔迎接八方来客,为提升接待能力、促进旅游发展发挥了较大作用。

2.生态宜居的环境

韶山村旅游公路环绕全村,公交旅游专线畅行村内,移动网络没有死角,Wi-Fi 信号全覆盖。2016 年以来,实施禁燃禁放政策,一改以往燃放烟花鞭炮的纪念方式,用鲜花祭拜的绿色环保方式取而代之,空气质量明显提升。2017 年村内开展畜禽退养措施,要求猪羊等大型牲畜养殖业完全退出核心景区,如今,韶山村内已无 10 头以上的生猪养殖户。2018 年,韶山村大力实施"碧水行动",对所有河渠、水塘集中抽淤,清理堤岸杂草,进行水体净化,实施河堤护砌等,实现了 9 口池塘与韶河形成连接,构成活水循环,明显改善了生态环境。2020 年,推行垃圾分类"付费制"和畜禽圈养制度,按 50 元/人/户收取费用,用于全村人居环境基础设施改善、保洁工资、垃圾分类处理以及表彰奖励先进等方面;畜禽管理执行"鼓励退养、养必圈养、打击散养"的管理方针,村民积极主动退养、圈养。为了提升村民生态环境保护意识,村规民约对生态环境保护、人居环境治理也进行了强力约束,人人都将环保观念牢记于心,韶山村人居环境得到较大的改善。

3.乡风文明

多年来,韶山村坚持"传承红色基因、建设美丽乡村",组建"理论宣讲""和事佬""微心愿帮帮团"等 12 支志愿服务队,打造"文明旅游服务岗""毛雨时工作室"等新时代文明实践品牌,开展农民运动会、农民夜校、垃圾分类等系列活动。党员干部带头,新乡贤、农村能人、爱心人士、普通村民纷纷加入志愿服务队伍。目前,登记注册志愿服务队员 796 人。通过修订村规民约,积极倡导文明新风、推进移风易俗、遏制农村陋习,培育新型农民、优良家风等。同时,举行文明家庭创建活动,评选好婆婆、好媳妇和星级文明户,弘扬传统美德,净化社会风气。打造湘潭市首个村级乡贤馆(韶山市由湘潭市代管),培养新乡贤文化,成为韶山市的典范。

4.村民生活富裕

依托红色资源,近年来韶山村的红色旅游、文化创意、红色研学、教育培训以及现代农业等产业快速发展,每年接待游客达 1 900 万人次,2020 年村级集体经济收入达到 1 000 万元,全村人均收入达 34 800 元,较 2011 年的 16 280 元翻了一番,村民参与旅游业的比例达到 70%。鼓励并帮助村民利用自家闲置房间开办民宿,让农民因地制宜就业创业;村民利用改造后的自家房屋开办民宿近百家。村集体收入除了投入全村的人居环境改善、扶植村民就业创业、固定资产外,主要用于村民的福利、教育奖励等。

5.经验借鉴

行进在乡村振兴新征程上,韶山村以红色精神为底色,以红色资源为依托,与生态文明、乡村振兴和一二三产业有机融合,发生了"敢教日月换新天"的巨大变化。

(五)少数民族旅游示范村寨:贵州省高荡村

贵州省安顺市镇宁自治县高荡村是一个有着厚重历史底蕴的布依族古村

落,寨子坐落在群山之中,犹如群峰上托着一口锅,布依语因形而名"翁座",汉语意为"高荡"。高荡村是贵州省现存保存完善的布依族古村落之一,具有典型的布依族第三土语区村寨特点。高荡村山多石优,村民们就地取材,依山就势建造房舍,成就了贵州"八大怪"之一的"石头当瓦盖"。高荡村的核心区域为高荡古寨,其成寨时间约在明洪武年间,古寨建筑"以石为墙,石片为瓦",具有冬暖夏凉、隔热驱湿、不易发生火灾等特点。走进高荡古寨,100 余栋石板房依山就势而建,错落有致,寨内古井、古石碑、古堡等古寨元素保存完整,至今还保存着三处有 600 多年历史的军事防御古堡。高荡村 2013 年列入"中国传统村落名录",2014 年被命名为首批"中国少数民族特色村寨",2015 年列为省级文物保护单位。

近年来,当地政府部门不断完善高荡村的基础设施建设,为乡村振兴筑牢基础,并大力发展乡村旅游,借助布依族历史文化、古朴的建筑风格以及良好的生态环境,发展以休闲娱乐为主的"农家乐""民宿""农特产销售"等旅游项目,昔日贫穷落后的少数民族古村落走上了脱贫致富的道路。

1. 乡村旅游激活千年古寨

2013 年,为解决高荡村的贫困问题,安顺市提出以旅游带动扶贫,积极打造了特色村寨"千年布依古村",高荡村的旅游得到了初步发展。为了更好地带动高荡村发展旅游,镇宁自治县与贵州省中国青年旅行社有限公司(以下简称贵州省中青旅)签订《高荡千年布依古寨旅游景区委托经营协议》,约定贵州省中青旅为高荡村自主运营商,帮助村民以游增收、以游脱贫、以游致富,达到以旅兴农的目的。2017 年,贵州省中青旅联合省内 10 家知名旅行社联合成立贵州瀑乡高荡文化旅游开发有限公司,全面运营高荡景区。贵州省中青旅作为高荡村的"包装运营团队",充分发挥专业优势,从导入客源、解决就业、服务游客三大方面开展相关配套工作。村民们通过自营家庭客栈、提供农家乐美食、销售地方特色手工艺品获得收益,而贵州省中青旅则为村民们提供基础性服务,比如景区的宣传推广、村容村貌整治、演艺节目展示、电瓶车输送、布依集市配套商业等。自公司运营以来,高荡景区累计接待中外游客 50 余万人次,村民通过旅游创收 2 000 万元以上,高荡景区也先后被评为国家 AAAA 级景区和全国乡村旅游重点村,极大提高了高荡景区的知名度。

文化是旅游的灵魂,高荡村的布依古寨文化是高荡发展旅游的重心,也是高荡脱贫的关键。位于高荡布依古寨民族文化广场南侧的布依民俗陈列馆、村史馆,收藏了 3 000 多件布依民俗物品,展现了浓郁的布依文化与厚重的古寨历史,这里是游客走进高荡、了解高荡的第一步。此外,贵州省中青旅还把镇宁布依族"铜鼓十二调"、勒尤等国家级非物质文化遗产,蜡染、织锦、唢呐、草编画等传统技艺,以及"布依十三坊"等民族文化融入旅游产业的开发,提升打造镇宁的民族、民俗文化旅游产业。为发扬布依族餐饮文化,村里还成立餐饮协会,并牵头研究菜品,浓郁的布依族特色餐饮吸引了众多游客。

2.基础设施有效改善,人居环境明显提升

近年来,在省、市的大力支持下,依托财政奖补一事一议项目,镇宁自治县以原生态的理念大力改善高荡村村民聚居区的道路、交通、住房等基础设施条件,突出布依族历史文化建筑浓厚的民族风情和地域特色,在不破坏原有建筑风格的基础上,完善内部居住环境,对村容村貌进行了整治和改造,拓宽、维修了村道、巷道,修建了民族文化广场。同时,严格依照规划推进古寨保护性建设,拆除 11 幢违法建筑,并对 33 幢影响古寨整体风格的房屋进行拆除,并在古寨核心区域外规划宅基地,对搬迁村民进行集中安置。在新建集中安置点过程中,建设均由设计院统一放线施工,墙体统一使用石材,门窗统一风格,保存了高荡村石头建筑的特点,高荡新村成了古寨的又一张亮丽名片。

为了搞好乡村振兴,高荡村把"文明创建行动"和"民族团结进步"相结合,加大对柴草乱堆、粪土乱堆、垃圾乱倒、污水乱泼、畜禽乱跑的整治力度。如今走进高荡村,村容整洁,环境优美,庭院收拾得干净整洁,种上各种花草,生态环境更美了。

3.村民脱贫致富

以前的高荡村是闭塞的,年轻的村民在外打工,剩下的部分村民守着自家的房子、土地生活,没有多余的积蓄,政府在对高荡村环境进行提升改造期间,村民们不是很理解,长时间的封闭和保守让他们不敢奢望高荡村充满希望的未来。经过街道干部一次又一次耐心细致的思想动员,部分思想开放的村民开始慢慢接受,愿意对自家的房屋进行改造,愿意为村子的美化进行维护,愿意在各项旅游开发工作中倾力支持。部分村民将自家房屋改造成民宿和农家乐,针对没有技术的村民,贵州省中青旅在还将采取招商入驻等方式,帮助村民经营农家乐和布依特色民宿,充分盘活布依古民居,让资源变资产。

通过一系列的"传、帮、带",一部分村民看到了变化,得到了实惠,更加积极地参与到建设工作中,主动配合村里的旅游建设工作。依托政府引入的技能培训和就业指导,不少村民学会了开餐馆、做旅社、制作民族特色手工产品……景区内现有农家乐16家,民宿(客栈)30家,日接待量达2万人。旅游项目的建设也带动了群众就业,旅游项目实现高荡村当地群众120余人就业。2017年,高荡村全村农民可支配收入8 792元,比镇宁自治县平均水平8 013元高出779元;2018年全村实现整体脱贫。人均纯收入从2014年的6 850元增长到2020年的15 000元,初步实现了"产业兴旺、生态宜居、乡风文明、治理有效、生活富裕"的总体目标要求。

4.经验借鉴

为了加快古寨村民脱贫致富奔小康的步伐,政府引进第三方文创公司进驻高荡村共同发展乡村旅游项目,从此,高荡搭上了旅游发展的专列"快车"。高荡村的脱贫看旅游,而高荡村的旅游看村民。上到90岁的老人,下到5岁的孩子,都是高荡村发展旅游的一份力量,人人办旅游的思想已经慢慢深入高荡村村民的心中。

贵州省安顺市镇宁自治县高荡村如图3-9所示。

图 3-9　贵州省安顺市镇宁自治县高荡村

三、旅游驱动下传统村落振兴的措施

（一）传统村落旅游发展的原则

1.注重多样性与差异化

传统村落具有深厚的文化底蕴和鲜明的地域特色,每个传统村落都是地方自然地理环境和历史文化融合的景观意象,每个传统村落的景观意象都具有极强的文化表达力。传统村落景观的这种空间分布差异是传统村落旅游定位的基础,为个性化旅游产品或项目设计提供了广阔的空间,这种空间分异要求重在对传统村落构景要素中隐性资源的挖掘设计,切忌千篇一律,"千村一面";要求传统村落旅游形象定位的差异化和开发模式的多样性。晋西北地区可以开发有地方特色的黄河风情游,以度假、康养为主题的休闲游以及修学、科考、摄影等专业旅游项目,因此,这里适合发展生态旅游模式和特色旅游模式的旅游。晋中地区的晋商大院要体现晋商主题,同时这里也是中国明清时期汉文化的典型代表区域,可以开展一些具有典型汉文化的节日活动,如除夕撞钟、初一拜年、元宵灯会等节庆活动。晋东南地区的传统村落要抓住古晋文化这一特色,开发具有晋东南文化特色的旅游项目,如八音会、纺纱、织布等。同时应尽量引导当地居民参与,把当地的民俗和旅游结合起来。晋中区和晋东南区的传统村落适合发展观光旅游模式和乡村体验模式的旅游。

2.注重可持续发展

旅游开发给传统村落的赋存环境带来了一些变化,有些传统村落通过旅游促进了开发与保护的协调,有些则赋存环境被破坏,诸如传统生活方式因旅游冲击而改变,导致传统文化的遗失,原住民搬迁导致传统村落成为"空壳",街道、建筑由于旅游"开发"而拆迁、翻新,大量游客的到来给传统村落造成了许多难以修复的破坏。因此,在发展传统村落旅游时,要考虑到村落原有的赋存环境及本身的承载能力,以实现旅游的可持续发展。

3.注重文化传承、旅游良性发展和原住民减贫三者共赢

传统村落遗产旅游发展应以科学发展观为指导,以聚落型遗产有机保护为基础,以旅游开发利用为途径,以传统村落发展为目标,以传统村落遗产保护、传统文化传承、旅游产业培育、人居环境改善、原住民收入提高为主要任务,突出重点、分类指导、多元推进,强化政府扶持与政策引导,鼓励社会参与、村民自力,统筹推进传统村落保护和旅游可持续发展,促进传统村落多元良性发展,实现文化传承、旅游良性发展和原住民减贫三者共赢。

4.开发保护并重原则,促进旅游反哺保护

传统村落景区与社区叠置,旅游产业发展要以扩大原住民就业、带动社会经济发展为目标,政府要加强对该类传统村落环境的治理、基础设施建设的投入、对旅游产业的扶持和原住民相关技能的培训,为旅游发展创造更为有利的条件。鼓励企业以不同形式参与传统村落旅游开发。传统村落旅游是建立在传统村落原生态保护完好或历史建筑遗存价值较高基础上的遗产旅游,传统村落"生活着"的属性要求"在保护中开发,开发反哺保护"的原则,促进传统村落整体保护和旅游业可持续发展。

传统村落是一个以社区为单位的文化遗产,传统村落的文化遗产保护和村落的发展是相辅相成的两个层面,保护的目的是更好地开发利用,开发的目的是促进传统村落的发展。传统村落凝聚了不同地域的历史信息与文化积淀,承载着原住民的风俗习惯,更是农民土地的依附载体,不仅具有研究与审美价值,更有切实具体的经济效益,是城镇化与新农村建设和发展中的重要资源,因此

传统村落的发展是建立在依托其特殊文化和资源基础上的与一般村落有所区别的发展模式或产业选择。因而,"在保护中开发"既是传统村落保护、开发的重要途径,也是应遵循的基本准则。

5.突出重点,分类引导

传统村落景观地域性鲜明,是旅游差异化发展的基础。目前,传统村落旅游开发利用的现状水平、发展阶段及其面临的任务和困境有所不同,选择有条件的传统村落,在进行整体保护的同时,开展旅游发展模式及其相应的制度保障与政策措施的重点开发,对传统村落旅游发展实施分类指导,因地制宜。将传统村落划分为优先旅游发展区、重点保护区、抢救式保护区以及博物馆式保护与旅游开发区。对于优先旅游发展的传统村落,给予纯旅游发展(景区化)、旅游与相关产业发展(文化产业园区)、保护式旅游发展(博物馆式)等分类指导,避免一哄而上,规避"公地悲剧"现象。

(二)传统村落振兴的措施

1.规划引领,提升保护活化理念

规划是组织和实施传统村落保护和发展的先导,是指导传统村落建设与治理的蓝图,是旅游产业发展的指南。在活化传统村落过程中,要拓宽规划思路,兼顾当前实际和长远发展,综合考虑多方因素,讲求创新、协调、绿色、开放、共享理念,以探索保护活化新体制机制。要提升传统村落风貌,就要确保规划的科学合理。在规划过程中,要强调兼顾规划的科学性、实用性、可操作性,各级政府要会同有关部门,指导保护开发规划的编制,全程监督具体项目的实施。同时,由于传统村落保护的实施主体是当地村民,村庄的发展成果首先要惠及村民,集体分享。因此,制订保护开发利用规划要充分尊重村民意见,充分考虑村民生产生活的各个方面,可成立"传统村落保护工作委员会"邀请村民全程参与,经过有效地反复推敲论证后,迅速执行到位①。

---

① 李艺玲,杨佳麟.福建传统村落保护与活化利用:以实施乡村振兴战略为背景[J].闽南师范大学学报(哲学社会科学版),2021(2):26-32.

2.制度约束、规范管理是传统村落旅游发展的重要途径

政策、制度及其治理对实现传统村落旅游发展具有重要的导向和保障作用。政府通过合理的制度安排和资源配置方式,对传统村落有形和无形的遗产资源进行有效地整合、分配、使用,满足传统村落旅游发展中各利益主体的各种需要,从而实现社会福利最大化和传统村落可持续旅游发展。首先,完善政府为主导的公共治理机制。强调村民在治理过程中的参与合作,培育公众认同的公共资源保护氛围,加强传统村落基础设施投入,改善传统村落生活环境,发挥非政府组织的引导和监督作用。其次,因地制宜实施行政管理。政府对不同的旅游经营模式给予因地制宜的行政监管。对于政府主导模式,政府应当加强激励机制的建设,激发从事旅游经营人员的积极性,通过制度引导培养村民品牌意识、市场经营意识,协调旅游管理机构与村委会、村民之间的关系,实现约束与激励均衡,政府干预与市场调节共存。对于地方企业经营管理模式,政府的主要职责在于避免因市场失灵造成的"公地悲剧"现象,按照传统村落规划与保护要求,应严格控制旅游企业的数量、质量,维护传统村落品牌,规范旅游企业经营行为,为游客提供满意的旅游产品。政府要发挥其协调者的作用,协调旅游企业之间的合作、旅游企业与村民之间的利益关系,实现政府、村民、市场三者良性互动。最后,政府要规范自身行为,正确使用自己的特许权,让村民代表参与决策;对租赁经营者实施一定的监管,防止其经济利益最大化目标下的短期行为对传统村落带来的不良影响,协调好外来企业与村民的利益关系。

3.政府主导,政府市场互补的公共管理是现阶段传统村落旅游发展与振兴的可选机制

按照公共选择理论,传统村落旅游管理模式的选择实际上是对传统村落公共资源、公共物品进行公共管理政策与机制的选择,是传统村落不同利益主体间利益诉求矛盾折中、平衡的结果。政府在其中具有不可替代的作用。从公共产品理论来讲,政府主导的机制更适宜于公共产品的配置,传统村落"生活着"的特性决定了政府作为管理主体的唯一性;从公共资源所有权来讲,政府始终是遗产旅游开发的最终受益者,而旅游企业和游客只是旅游景区的最直接受益者,传统村落作为珍贵的历史遗存,其旅游开发和保护均离不开政府的财政资助,所以,传统村落旅游的开发管理都首先应当是政府行为;从"治理"理论来讲,善治是使公共利益最大化的社会管理过程,其本质特征就在于它是政府与公民对公共生活的合作管理,政府有义务从法律、制度、政策、服务等方面对传统村落旅游发展给予引导、指导和监督。

传统村落作为一种准公共物品,在市场经济条件下,政府并不能垄断其产品生产或包揽产品的供给,政府失灵需要市场弥补,这一点在传统村落旅游开发与保护中尤为重要。传统村落振兴的首要问题是产业兴旺,而产业兴旺必须依靠市场的力量。首先,要依靠市场的力量推动产业,形成产业化、市场化的经营机制。坚持市场经济改革方向,核心问题是使市场在资源配置中起决定性作用。政府的培育引导作用也不容小觑,妥善地解决好"小农户、大市场"的有效衔接和过渡,遵循市场规律,有效引导个体农户投入到市场经济的实践当中去。其次,传统村落振兴需要人才振兴。产业兴旺要依托产业才能留住人才,有了人才,乡村振兴才有了根本。围绕市场需求,引导和推动更多的资本、技术、人才等要素向传统村落流动,调动村民的积极性、创造性,形成现代农业产业体系,实现一二三产业融合发展,保持传统村落经济发展旺盛活力。最后,明晰传统村落集体经济产权,建立符合市场经济规则并由村民共享的分配机制。所以,政府扮演管理主体角色,与市场互补,形成传统村落振兴良性公共管理机制,是现阶段实现传统村落遗产资源保护和传统村落可持续旅游发展与振兴的重要保障。

4.加强传统村落旅游发展的政策支持力度

政府应通过财税、土地、政府服务等方面的优惠和倾斜,鼓励地方政府、企业和个人投资发展传统村落旅游业。鼓励传统村落进行差异性、多样性、创新性开发,建设乡村艺术会所、农家乐、民俗客栈、传统手工作坊、专业展馆、艺术基地(如摄影、影视)等特色名村。政策支持传统村落因地制宜,分类发展,对于旅游业发展较好的传统村落,重点支持旅游产品创新和企业创新,鼓励旅游企业延伸其产业链;对旅游业初具基础、但发展缓慢的传统村落,政策支持旅游招商奖励,把传统村落旅游纳入全省的旅游重点线路和推介项目,对推介传统村落旅游的旅行社及其他旅游企业予以财税方面的优惠;创新土地利用政策,在农村集体建设用地上适当放宽政策,探索实施农村集体经营性建设用地入市制度,稳妥推进传统建筑产权流转试点。推动农村宅基地"三权分置"改革试点,探索开展"村企合作""村银合作""村组自营""项目开发"等闲置农房盘活利用模式;鼓励农村集体经济组织利用依法取得的符合规划的非农用地,以作价出资或入股方式与开发商合作开发旅游项目;积极推行"一企兴一村""一企带一景"模式,鼓励大型企业开发传统村落文化旅游;建立财税补偿机制,给予企业或环境财政补贴和税费优惠措施,推动技术、项目、资金、人才等要素向传统村落倾斜。

5.原住民参与其中,发挥传统村落旅游发展的内生动力

传统村落发展需要全社会各主体的共同参与,村民是其中重要的主体之一,甚至是传统村落发展能否成功的决定性因素。村民是传统村落的建造者、使用者,也是乡土文化的创造者、传承者,更是村落发展的直接受益者和享用者,提升传统村落村民的参与意识,激发传统村落的内生动力是传统村落发展的关键所在。一是在乡村振兴战略背景下,加大基础设施和公共服务设施投入,加快推进人居环境整治,加大传统村落发展的宣传和引导,让村民实实在在地感受到、享受到传统村落发展带来的变化和好处,调动村民参与发展的积极性、主动性和创造性。二是建立并畅通村民参与发展的渠道和机会,对传统村落村民进行增权,让村民参与村落开发、管理决策等重要事项,满足其利益诉求,从而提高村民的责任心,激发其主动参与传统村落发展的各项工作。探索建立共建共享模式,调动村民深入参与旅游开发。村民是传统村落旅游发展和保护过程中的主体,把村民纳入村落保护发展以及利益决策等各项事宜中,强化他们的参与意识。而且,村民对于村落的历史文化价值更为熟悉,因此应当不断提升村民参与旅游开发决策的深度、广度。村民参与传统村落旅游发展行动的过程,也是逐渐形成并深化其对传统村落价值和意义认识的过程,增进村民参与传统村落事务的信心与行动能力,从而为传统村落的保护以及可持续发展提供源源不断的内生动力。三是始终坚持把村民分享更多增值收益作为基本出发点,增强村民参与融合能力,创新收益分享模式,健全联农带农有效激励机制,让村民分享更多村落发展的增值收益。鼓励村民以土地、资金、劳动、技术、产品等要素,通过股份制、合作制、股份合作制、租赁等形式,积极参与到村落发展中来,创新"农民入股+保底收益+按股分红"等利益联结方式,让村民分享更多产业链增值收益。工商资本租赁民居进行改造,让原住民续住并聘原住民为管家,原住民为其种植绿色农副产品等,既可减少成本,又可获得生态果蔬。而原住民不用搬离就能获得租金、管家劳务、农副产品销售等收入,不出村也能就地致富。让原住民在村落发展中扮演多种角色,如继续生活在民居内,保持生产生活惯,能成为游客参观体验的重要内容。

6.加强旅游人才培训

挖掘培育传统村落乡土文化人才,引导各类专业人才资源向传统村落流动。通过资金投入和政策引导,吸引外流的创业成功者、返乡创业者、退休还乡者及有乡村情怀、愿意回报乡村的技术人员和专家学者入驻或扎根传统村落,形成传统村落新的乡贤群体,引领和带动村落民众自觉珍惜传统村落,自觉保护传统村落,自觉利用传统村落文化遗产进行"文化再生产"。制定简单高效的旅游村务监督制度,提升村务监督者的专业能力,定期进行旅游方面的专业化培训。在乡村振兴背景下,加强村民旅游和现代科技知识的教育和培训力度,提升他们的综合素质和生产经营能力,提高监督成效,促进传统村落旅游发展监督的规范化和专业化[①]。

7.以多样态文化创意产业丰富传统村落旅游产品

现阶段传统村落旅游发展中,旅游产品多局限于土特农产品、手工制品、特色饮食等物质资源,无法创造出丰富多样的独具特色的精神文化产品和创意旅

---

① 洪亚丽.乡村振兴视域下浙江省传统村落旅游发展路径研究[J].农村经济与科技,2021,32(13):77-78,84.

游产品,村落振兴缺乏多样化的产业基础。村落历史文化资源挖掘不够和创意创新利用手段单一是村落旅游产品同质化严重、景点重复建设、游客回访率不高等问题的主要原因。因此,在传统村落旅游发展中,不能忽视对村落特色文化资源的深度挖掘和创新利用。文化创意产业作为一种新兴产业,涉及广播影视、动漫、音像、传媒、视觉艺术、表演艺术、工艺与设计、雕塑、环境艺术、广告装潢、服装设计、软件和计算机服务等方面。在传统村落振兴中,将上述产业形态与传统村落的文化资源进行有效嫁接,最大限度地推动村落文化与旅游产业、文化产业的深度融合,可以为传统村落的产业发展、旅游发展和群众生活提供更加丰富多样的文化产品、旅游产品和创意产品,从而化解传统村落发展只限于传统旅游业和农副产业的局限性,尽可能规避由传统旅游产品、农副产品、手工产品的形式和内容单一导致的同质化发展问题。因此,传统村落旅游发展应坚持文旅融合发展理念,充分发掘村落文化资源,在保护传承的基础上,以创新和创意为动力,借助新兴技术手段,开发文化创意旅游产品,增强市场竞争力,推动文化保护传承与创意旅游的协同发展。

8.传统村落旅游与村落生态农业、特色产业有效结合

产业融合与新业态引入是乡村振兴得以实现的重要举措。传统村落应坚持产业融合战略,拓展村落旅游产业发展空间,增强村落旅游发展生命力、发展力和吸引力,为村落发展注入新动能。同时,以现代化产业融合为发展方向,丰富产业融合模式,提升村落的旅游产业竞争力,努力构建传统村落旅游特色品牌,加强与传统村落文化、农业、林业等多产业的多角度融合。同时,不断引进乡间休闲、创意农业,创新发展传统村落产业,为村落旅游业的发展增加新元素和新理念,注重村落特色文化品牌打造,通过"文化—创新—旅游"之间的联动渗透,助推"互联网+"与旅游等各产业融合创新,促进村落的社会经济发展。通过构建传统村落的多产业融合发展机制,实现传统村落旅游产业的兴旺,提高村民收入,最终整体实现乡村振兴。在互联网快速发展时代,创客理念不断兴起,各种创客形式不断出现,乡村创客活化传统村落成为一种新风尚。传统村落应出台各项政策,鼓励活跃的创客入驻乡村,重构传统村落乡村产业秩序,实现乡村产业发展的复兴。

每个传统村落都有其独特的产业环境和产业背景,传统村落旅游因地制宜选择合适的村落产业,有助于传统村落经济多元化和旅游可持续发展。第一,传统村落旅游发展与新农村建设中的传统村落特色产业相结合。新农村建设不是建设新村,而是对村落进行现代化、特色化建设。传统村落不能因为其"遗产保护"的特性而被边缘化,被排斥在新农村建设之外。基于传统村落资源环境特色,在新农村建设中针对不同地域传统村落的地理环境和产业环境,积极引导培育新产业,如花卉种植、林果种植、园艺、手工编织、养殖等特色村落产业,与旅游业形成有机结合。第二,重点培育与传统村落旅游相关的村落产业。许多传统村落依然保持着传统的农业生产生活方式,村落中农产品和手工艺品的附加值较低,与现代都市社会质量好、信誉度高的产品相比,缺少竞争力。传统村落旅游发展是促进社区(村落)发展的基础,也是协调传统村落遗产资源保护和经济发展的最佳产业选择。因此,构建形成以发展农业为基础,以发展旅游业为辅助的产业形态,让当地群众可以不用完全依靠外来消费就可获得经济收益的方式,是解决当地产业问题的重要途径。但传统村落旅游不是大众观光,而是依托传统村落景观的体验旅游,传统村落景观也不是单一的建筑或村落规制,而是村落经济活动(如花卉、林果种植、园艺、编制、手工工艺等)、原住民生活以及民间艺术等非物质文化遗产资源的有机融合,因而旅游业发展离不开传统村落的生产生活。第三,鼓励传统村落旅游与村落生态农业相结合。对于地处城郊、交通便利的传统村落,可以开发城郊旅游精品,建设城镇化中的新型生态旅游业态。"后疫情"时代,人们开始反思经济大潮下的生产与生活方式,对健康的认知再次刷新,对养生的探求不断深入,对生命质量的追求也逐步提升。在乡村振兴战略驱动的背景下,乡村康养旅游满足了人们对健康的需求和对享受的追求,成为当下最潮流最火爆的旅游方式之一。传统村落远离尘世的喧嚣,自然环境优美,丰富而优质的旅游资源为乡村康养旅游的发展提供了有利的条件。

下篇
山西三大旅游板块传统村落旅游与乡村振兴实证研究

第四章

三大旅游板块传统村落空间分布

4

第一节　三大旅游板块解读

一、三大旅游板块的提出

《国务院关于支持山西省进一步深化改革促进资源型经济转型发展的意见》明确了山西经济的大方向与大格局,为适应山西经济转型升级,重构山西区域经济新格局,加快建设文化旅游强省,培育战略性支柱产业,创建国家全域旅游示范省,充分发挥山西旅游业比较优势,立足黄河、长城、太行三大品牌集聚一省的独特禀赋,2017 年山西省旅游发展大会提出重点打造黄河、长城、太行三大旅游板块,在继续做优五台山、云冈石窟、平遥古城三大旅游品牌的同时,加快构建"乐水、尚城、崇山"旅游品牌体系,整合山西省最具特色和代表性的旅游、文化、生态资源,建设黄河、长城、太行国家旅游基地的战略决策。2018 年山西省委经济工作会议上,再次明确了全省旅游发展的新定位、新要求:举全省之力锻造黄河、长城、太行新的三大旅游板块。2018 年山西省旅游发展委员会正式公布了《山西省黄河、长城、太行三大板块旅游发展总体规划》,全力塑造黄河、长城、太行三大旅游新品牌。

三大旅游板块的提出突破了山西省传统的点状分散、线状短窄、片状不足的旅游格局,锻造三大板块旅游新品牌,加快构建山西文化旅游发展大格局升级版,既是山西旅游全面崛起的重要支撑和主要内容,也是山西建设国家全域旅游示范区的基本构成和主要亮点。黄河之魂在山西,长城博览在山西,大美太行在山西。山西将充分挖掘黄河的博大内涵,凝练黄河风情、民族精神主题,构建母亲黄河、龙腾黄河、多彩黄河、生态黄河的旅游精品线路;挖掘长城的边塞、军事、农牧、贸易等历史文化元素,凝练爱国主义、民族融合主题,建设古建长城、军事长城、民族长城、丝路长城的历史文化旅游公园;挖掘太行的山水、生态、红色圣地等文化元素,凝练大美太行、天下脊梁主题,打造雄奇太行、秀丽太行、红色太行、古韵太行的精品风景旅游带。

二、三大旅游板块区划

按照地理相连、文化相关,三大旅游板块的划分基本覆盖了山西全省版图,三大旅游板块区划根据地理区域和资源分布情况划分为主体区和关联区,主体区为三大旅游板块中主体资源在山西省的集中分布区域,关联区为主体资源所在地区的延伸区域。主体区和关联区覆盖全省 11 市 119 个县(市、区),其中黄河旅游板块主体区涉及 4 市 19 县(市、区),关联区主要为主体区之外的吕梁山区和中条山区,涉及 6 市 30 县(市、区);长城旅游板块主体区涉及 3 市 31 县(市、区),关联区涉及 5 市 13 县(市、区);太行旅游板块主体区以太行山山脉为主,东、北、南以山西省省界为界,西以忻定盆地、太原盆地、上党盆地为界,包括6 市 29 县(市、区),面积达 4 万多平方千米,涉及人口 800 多万,关联区涉及 6市 31 县(市、区)(表4-1)。

表 4-1　三大旅游板块分布区域

	城市	主体区	关联区
黄河旅游板块	忻州市	偏关、河曲、保德	静乐
	吕梁市	兴县、临县、柳林、石楼	离石区、文水、交城、岚县、方山、中阳、交口、孝义、汾阳
	临汾市	永和、大宁、吉县、乡宁	尧都区、洪洞、隰县、蒲县、霍州、汾西、襄汾县
	运城市	河津、万荣、临猗、永济、芮城、平陆、夏县、垣曲	闻喜、稷山、盐湖区、新绛
	太原市		清徐、娄烦、古交、万柏林区、尖草坪区、晋源区
	晋中市		平遥、介休、灵石

续表

	城市	主体区	关联区
长城旅游板块	大同市	城区、矿区、南郊区、新荣区、大同县、天镇、阳高、左云、广灵、灵丘、浑源	
	朔州市	朔城区、平鲁区、右玉、应县、山阴、怀仁	
	忻州市	繁峙、代县、原平、宁武、神池、偏关、河曲、岢岚、五台、五寨、忻府区、静乐县、保德县、定襄县	
	吕梁市		兴县
	阳泉市		郊区、平定、盂县
	晋中市		左权、和顺、昔阳
	长治市		黎城、壶关
	晋城市		泽州、陵川、高平、沁水
太行旅游板块	大同市	广灵、灵丘、浑源	
	忻州市	代县、繁峙、五台、定襄	忻府区、静乐、原平
	晋中市	寿阳、昔阳、和顺、左权、榆社	榆次区、太谷、祁县、平遥、灵石、介休
	阳泉市	城区、盂县、平定、郊区、矿区	
	长治市	黎城、武乡、襄垣、潞城、平顺、壶关	城区、郊区、长治县、屯留、长子、沁县、沁源
	晋城市	城区、阳城、陵川、泽州、高平、沁水	
	太原市		小店区、迎泽区、杏花岭区、阳曲
	运城市		绛县
	临汾市		尧都区、曲沃、翼城、襄汾、洪洞、安泽、浮山、古县、侯马、霍州

三、太行旅游板块概述

　　太行山脉位于山西省与华北平原之间,北起北京市西山,向南延伸至河南与山西交界地区的王屋山,西接山西高原,东临华北平原,呈东北—西南走向,绵延400余千米,纵跨北京、河北、山西、河南4省市,是我国东部地区的重要山脉和地理分界线,也是黄土高原的东部界线。太行山不仅是自然脊梁,也是中华民族的文化脊梁和精神脊梁,凝聚了太行山区持久抗战、英模人物的伟大精神,蕴含了"愚公移山""精卫填海""女娲补天"等不畏艰险、坚韧奋斗的精神。

　　太行山自北向南贯穿了山西省东部地区,全国太行山主体在山西,大美太行在山西。太行旅游板块旅游资源富集,拥有自然、红色、历史文化与民俗非遗等多种旅游资源;是抗战圣地、革命老区,拥有武乡八路军太行纪念馆、麻田八路军总部旧址、黄崖洞八路军兵工厂、百团大战砖壁指挥部旧址等诸多革命纪念地和红色遗存,太行山红色旅游区还被列为全国十二个重点红色旅游区之一;是文化遗产、传统村落和民俗文化聚集区,拥有五台山与平遥古城两处世界遗产,国家历史文化名城7处,国家历史文化名镇6处,国家历史文化名村16处,88处国家非物质文化遗产;是生态屏障和美丽山西标志区,拥有5处国家地质公园、14处国家水利风景区、16处国家森林公园,具有特殊自然环境造就的天成之美,鬼斧神工,遍布自然风光;是名山汇聚区,中国佛教名山五台山、北岳恒山、中镇霍山和舜耕历山等天下名山荟萃于太行之巅(太行山大峡谷如图4-1所示)。

图4-1　太行山大峡谷

四、长城旅游板块概述

山西地处农耕文明和游牧文明的冲突与融合地带,保留了战国到明朝等各个历史时期的长城遗址,古长城沿线坐落着雁门关、偏头关、宁武关、娘子关等雄关要塞,发生过李广抗击匈奴、杨家将戍边卫国、八路军平型关大捷等古今著名战役。这里留下了各个朝代移民、屯田、远征的历史印记,见证了历史上匈奴、鲜卑、党项、沙陀等多个民族与华夏族逐渐融合的过程,是山西作为民族熔炉的历史象征和文化地标。长城既是祖先遗留下来的宝贵遗产,也是华夏文明的载体,是山西厚重文化底蕴的象征(雁门关、娘子关如图 4-2 所示)。

图 4-2　雁门关、娘子关

山西长城纵贯全省 8 市 40 县区,共有 4 277 处,总长 3 500 多千米,按照空间分布,可分为内、外长城两条主线。外长城地势较为平坦,现存遗址以石基、土墙、土垒为主;内长城地势较陡,以险、奇、峻著称。山西长城包括墙体、关堡、敌楼、马面、烽火台、城楼、壕沟、挡马墙等多种建筑遗存,这些建筑遗存大多分布在险峻雄奇的地理环境之中,凝聚了军事文化、边贸文化、民俗文化、地域文化等多种历史文化元素。

五、黄河旅游板块概述

黄河是中华民族的母亲河,是中华文明之源,被亲切地称为中华民族的摇篮,一直以来都是"民族之魂"的象征。亘古不息的流域孕育出古老而灿烂的文明。黄河之魂在山西,黄河流经山西千余千米,沿途接纳包括汾河在内的大小支流 19 条,流域面积几乎达山西半壁江山。黄河的秦晋段和晋豫段是历史遗迹、风光美景、民俗民风最动人的河域。芮城的大禹渡,永济蒲津的古渡口,唐代的铁牛、铁人等都非常有名。鹳雀楼是中国四大名楼之一,《西厢记》的爱情圣地也在这里。河津是"华夏文明第一门",也是大禹凿山泄洪的龙门,鲤鱼跳龙门成仙的神话发源地。九曲黄河山西段是黄河流域地貌景观最出色的地段之一,也是黄河流域长达五千年华夏文化绵延不绝、承上启下最具代表性的地带。黄河劈开千山万仞在这里创造了处处近似 360 度的乾坤湾奇景,以雷霆万钧之势制造了世界最大的黄色瀑布——壶口瀑布(图 4-3),彰显大河的豪迈与气概,孕育了最早的人类文化遗存——西侯度文化,丁村智人奏响了黄河文明的序曲,"风在吼,马在啸,黄河在咆哮"记录了中华民族不屈的黄河精神。"母亲黄河、龙腾黄河、多彩黄河、生态黄河"是黄河之魂在山西的核心内涵,是对山西表里河山与黄河文明的高度凝练。

图 4-3　黄河乾坤湾、壶口瀑布

第二节　三大旅游板块传统村落空间分布总体特征

传统村落是一定历史时期人类"顺应自然,择吉而居"而形成的聚落景观,且至今仍为人们服务的聚居空间,无论是聚落选址,还是建筑景观都深受区域自然环境、经济水平、社会生活方式等要素的影响,具有明显的地域性。山西复杂的地理环境为传统村落的形成与空间分布提供了多元的原生环境,使三大旅游板块传统村落的空间分布具有明显的地域特色,是山西自然与社会文化环境的综合反映。

一、传统村落在三大旅游板块的总体分布情况

自 2012 年国家传统村落评选申报工作开始至 2021 年,山西省共有 550 个村落列入中国传统村落名录,仅次于贵州、云南、湖南和浙江省,位列全国第五,约占全国传统村落总数的 8.1%(表 4-2)。山西省传统村落数量之多,已成为我国传统村落的宝贵财富,其中三大旅游板块主体区有 394 个传统村落,关联区有156 个,285 个传统村落位于重叠区内(表 4-3)。黄河旅游板块传统村落有 151个,约占山西省传统村落总数的 27%,长城旅游板块有 268 个传统村落,约占山西省传统村落总数的 49%,太行旅游板块传统村落数量最多,约占 76%(图 4-4)。

表 4-2 山西省传统村落入选中国传统村落名录比例

批 次	时 间	中国传统村落数	山西入选数量	占全国比例/%
第一批	2012	646	48	7.4
第二批	2013	915	22	2.4
第三批	2014	994	59	5.9
第四批	2016	1 598	150	9.4
第五批	2018	2 666	271	10.2
合 计		6 819	550	8.1

表 4-3 三大旅游板块重叠区传统村落分布情况

	黄河、长城旅游板块重叠区	黄河、太行旅游板块重叠区	长城、太行旅游板块重叠区	黄河、长城、太行旅游板块重叠区	合计
主体区	6	0	17	0	23
关联区	1	46	214	1	262

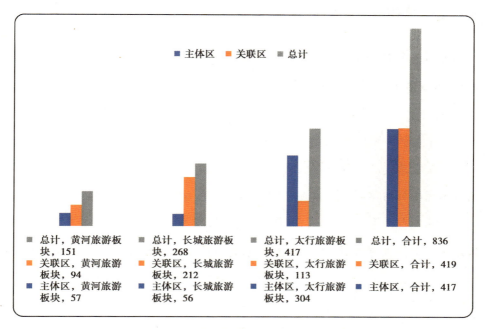

图 4-4　三大旅游板块传统村落分布图 (含重叠区)

二、沿河流域分布密集

　　传统村落选址对水源的依赖既是山西自然环境所限,也符合人类生存繁衍的基本需求,加上受依山傍水、择吉而居选址理念的影响,沿河流域便成为三大旅游板块传统村落分布的密集地带。太行旅游板块主体区分布多条河流,从北到南依次有壶流河、唐河、冉庄河、清水河、滹沱河、桃河、潇河、松溪河、漳河、丹河和沁河。太行旅游板块主体区沿河流区域传统村落分布密集,其中邻近河流距离在 5 千米范围内的传统村落有 92 个,距离在 10 千米范围内的传统村落有 159 个,占太行旅游板块主体区传统村落总数的 82.57%。从微观角度而言,三大旅游板块传统村落沿河集聚是聚落与山水完美结合的充分体现。

三、地势低平的平原山间盆地分布密集

山西境内的平原多由河流冲积而成,平原地区自然条件好、土地肥沃交通便利,不仅可为人类提供丰富的生产、生活资料,而且山环水绕,以河山为自然屏障,便于人类生存、发展和繁衍,具有较强的生活安全感和聚合感,海拔较高的地区可耕种土地较少,地理环境较差,农业生产落后,经济发展缓慢,这便决定了传统村落选址和分布对平原低地的优先选择。目前,三大旅游板块传统村落基本集中分布在平原地区或山间盆地。其中,中部和东南部平原或山间盆地传统村落遗存最多、密度最大,尤以晋中、临汾和上党盆地最为集中。太行旅游板块主体区传统村落均集中分布在山间盆地及丘陵地带,分布在 300~1 000 米的传统村落有 251 个,占太行旅游板块主体区传统村落总数的 82.57%。同时,从太行旅游板块主体区传统村落分布表上可看出(表 4-4),传统村落分布坡度范围在 0°~35°,其中平原地区(0°~0.5°)分布最多,占太行板块主体区传统村落总数的 45.73%。传统村落向平原低地集中的空间分布趋势,也是人类顺应自然、为我所用的生态需求和理念的典型体现。

表 4-4 太行旅游板块主体区传统村落坡度分布表

坡　　度	0°~0.5°	0.5°~2°	2°~5°	5°~15°	15°~35°	35°~55°	55°~90°
传统村落数	139	34	45	58	28	0	0
比例/%	45.73	11.18	14.8	19.08	9.21	0	0

四、历史上的经济繁荣地、文化发达地或交通要道分布密集

三大旅游板块传统村落分布深受历史时期、经济、文化等因素的影响,现保存完好的传统村落大多位居历史上经济繁荣、文化发达之地或交通要道上。黄河自古就是山西水运动脉和经济发展的水源之地,黄河沿岸的传统村落形成多

与黄河发达的水运密不可分。碛口凭借黄河水运,从清乾隆年间到抗战爆发的200多年中,一直为北方著名的商埠重镇,以古代商贸流通、商品集散为支撑,形成了黄土文化鲜明的传统村落群。太行旅游板块南段蕴含着连绵的农耕文明和浓郁的封建政治文化,皇城、郭峪等村落建制与民居建筑均打上了封建时代文化繁荣的烙印。

第三节　三大旅游板块主体区传统村落空间分布特征

一、黄河旅游板块主体区传统村落空间分布特征

(一)趋向于黄河沿岸分布

黄河自偏关老牛湾至垣曲马蹄窝,流经山西1 081千米,黄河旅游板块主体区传统村落沿黄河干流呈带状分布,在偏关—河曲、临县—柳林和乡宁等地相对集聚。黄河沿岸传统村落选址或依山就势,或背山面水,均风水绝佳,李家山的窑洞依山顺坡而筑,合院布局动静和谐。老牛湾堡选址于悬崖,三面环水一面连山,尽显军事防御功能的同时,又为后来渡口码头提供了便利,村落建筑依山就势,错落有致,所有建筑就地取材,全部用当地的石头、石片堆砌而成,造型各异的民居古院因势向形,石墙、石院随形而就,体现了"顺应黄河水,顺势黄土地,为我所用"的生态意义。

(二)在市县范围内分布不均衡

黄河旅游板块共包括6市49县,传统村落分布以吕梁市最多,共67个,约占黄河旅游板块传统村落总数的44%,其次是晋中市和临汾市(图4-5)。县域范围内,以介休、柳林、临县最多,3个县传统村落数占黄河旅游板块传统村落总数的30%,有15个县(区)没有传统村落。可见,黄河旅游板块传统村落分布较

不均衡,可分为沿黄干流与晋中、晋南盆地三个集聚区。

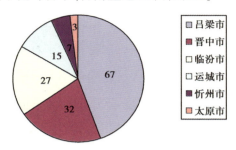

图 4-5 黄河旅游板块传统村落在各市的分布

黄河旅游板块主体区涉及 4 市 19 县,传统村落共有 57 个(图 4-6),平均到每个县域的传统村落数是 3 个。市域范围内,以吕梁市分布最多,约占黄河旅游板块主体区传统村落总数的 58%。县域范围内,柳林传统村落数量最多,约占黄河旅游板块主体区传统村落总数的 28%,临县约占 23%,2 个县的传统村落数占到了黄河旅游板块主体区传统村落总数的 51%。临汾市的传统村落集中分布于乡宁县,永和、大宁、吉县均没有传统村落,运城市的临猗、芮城、夏县也没有传统村落。可见,黄河旅游板块主体区传统村落分布较不均衡,主要分布于北段(河曲、偏关)、中段(临县、柳林、乡宁)和南段(晋南盆地)三个集聚区(图 4-7)。北段传统村落因军事防御而生,因水运码头而兴。沿黄吕梁段是黄河水运、晋蒙商道的重要组成部分,传统村落应河运、渡口、商贸而生,晋南盆地农耕发达,河东文化发育,耕读传家,传统村落多建于明清晋商繁荣时期。

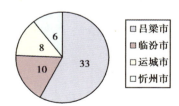

图 4-6 黄河旅游板块主体区传统村落在各市的分布

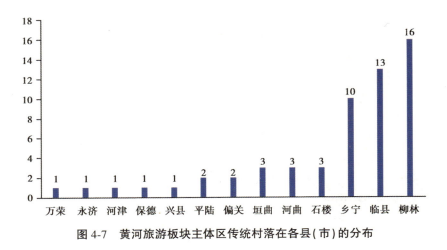

图 4-7　黄河旅游板块主体区传统村落在各县(市)的分布

二、长城旅游板块主体区传统村落空间分布特征

(一)沿边关和军事要地布局的指向性明显

山西复杂的地形和重要的区位对历史时期聚落的形成和发展具有重要的影响。晋西北地区是中原农耕文化与北方游牧文化的交汇地带,自古以来为兵家必争之地,内外古长城沿线,在戍边屯军基础上,逐渐形成兼有军事防御、商贸物流与生活居住等多重功能的传统村落,如新平堡村、旧广武村等。

(二)分布较不均衡

长城旅游板块主体区涉及 3 市(图 4-8)31 县(市、区),共 56 个传统村落,

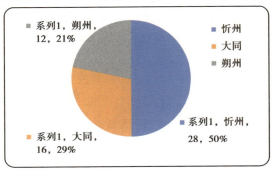

图 4-8　长城旅游板块主体区传统村落在各市的分布

平均每个县域 1.8 个传统村落。其中,忻州市传统村落数量最多,占长城旅游板块主体区传统村落总数的 50%,县域范围内,繁峙县数量最多,约占 9%。31 个县(市、区)中有 8 个县(市、区)没有传统村落(图 4-9)。

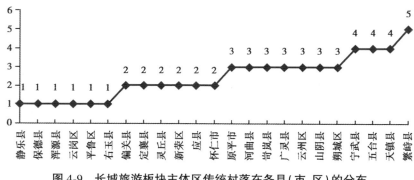

图 4-9　长城旅游板块主体区传统村落在各县(市、区)的分布

三、太行旅游板块主体区传统村落空间分布特征

太行山区地形地貌复杂,地理环境相对封闭,使许多传统村落得以形成并保留至今,且太行山区自古以来就是军事战略要地,是军事防御型传统村落分布的密集地带。太行旅游板块明清时期商业繁荣,且具有连绵的农耕文明和浓郁的封建政治文化,是耕读文化型传统村落分布的密集地带。太行旅游板块主体区包括 6 市 29 县(市、区),共 304 个中国传统村落,约占山西省中国传统村落总数的 55.3%,占三大旅游板块主体区传统村落总数的 72.9%(表 4-5)。

表 4-5　太行旅游板块主体区传统村落在各县(市、区)的分布

市	县	数量	所占百分比	市	县	数量	所占百分比
长治	黎城县	8	2.63	晋城	城区	0	0
	武乡县	3	0.99		阳城县	27	8.88
	襄垣县	0	0		陵川县	15	4.93
	潞城区	3	0.99		泽州县	52	17.11
	平顺县	27	8.88		高平市	56	18.42
	壶关县	9	2.96		沁水县	16	5.26

续表

市	县	数量	所占百分比	市	县	数量	所占百分比
	城区	0	0		寿阳县	13	4.28
	盂县	5	1.64	晋中	昔阳县	10	3.29
阳泉	平定县	34	11.18		和顺县	1	0.33
	郊区	6	1.97		左权县	0	0
	矿区	0	0		榆社县	2	0.66
	代县	0	0		广灵县	3	0.99
忻州	繁峙县	5	1.64	大同	灵丘县	2	0.66
	五台县	4	1.32		浑源县	1	0.33
	定襄县	2	0.66				

（一）空间分布类型

利用 ArcGIS 空间分析工具,得出太行旅游板块主体区传统村落空间分布点平均最邻近距离 $\bar{r}_1 = 3.693$ km,利用公式 $\bar{r}_E = \dfrac{1}{2\sqrt{n/A}}$ (n 为太行旅游板块主体区传统村落数量,A 为太行旅游板块主体区总面积),求得 $\bar{r}_E = 5.954$ km,则 $R = \dfrac{\bar{r}_1}{\bar{r}_E} = 0.62 < 1$,说明太行旅游板块主体区传统村落空间分布类型为聚集型。

（二）空间分布密度

利用 ArcGIS 核密度空间分析工具,经多次试验,设定合理空间搜索带宽 h 为 20 km,对太行旅游板块主体区传统村落空间分布密度进行分析,得到核密度图,传统村落空间分布呈现出 3 个较明显集聚区,分别是阳城—泽州—高平带状区域、平顺县北部区域和平定县域,其中阳城—泽州—高平带状区域传统村落分布最为集中,尤以高平市为高密度区,达到每千平方千米 58~65 个传统村落。此外,壶关县、黎城县、寿阳县和昔阳县有分散分布的传统村落,其他区域如大同市和晋中市基本呈现空白。

(三)空间分布均衡性

1.集中程度

通过地理集中指数公式 $G=100\times\sqrt{\sum_{i=1}^{n}\left(\dfrac{x_i}{T}\right)^2}$（$n$ 为太行旅游板块主体区县（市、区）数量，x_i 为第 i 个县（市、区）传统村落数，T 为太行旅游板块主体区传统村落总数），求得地理集中指数 $G=33.51$。假设传统村落平均分布在 29 个县（市、区），则每个县（市、区）传统村落数量为 10.48 个，与之相对应的地理集中指数 $G=19.24$。实际 G 值大于平均 G 值，说明太行旅游板块主体区传统村落分布较集中。

2.均衡程度

通过基尼系数公式 $G=\dfrac{-\sum_{i=1}^{N}P_i\ln P_i}{\ln N}$（$N$ 为太行旅游板块主体区市的数量，P_i 为第 i 个市传统村落数占太行旅游板块主体区传统村落总数的比重），得出基尼系数 $G=0.98$，表明太行旅游板块主体区传统村落在各市中分布不均衡，晋城市传统村落数就占到总量的 55%（图 4-10）。

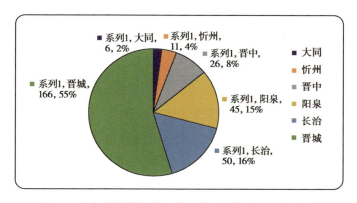

图 4-10　太行旅游板块主体区传统村落在各市的分布

通过不平衡指数公式 $S=\dfrac{\sum_{i=1}^{n}Y_i-50(n+1)}{100n-50(n+1)}$（$n$ 为太行旅游板块主体区县（市、区）数量，Y_i 为将各县（市、区）传统村落数占太行旅游板块主体区传统村落总数比重按从大到小顺序排序后,第 i 位累计百分比)得出,不平衡指数 $S=0.51$,表明太行旅游板块主体区传统村落在 29 个县(市、区)分布不均衡。由图 4-11也可直观看出,高平市、泽州县、平定县、平顺县和阳城县 5 县(市)拥有太行旅游板块主体区 64.5%的传统村落。襄垣县、左权县、代县、阳泉城区、阳泉矿区和晋城城区 6 个县(区)传统村落空白,这进一步说明了太行旅游板块主体区传统村落分布不均匀。

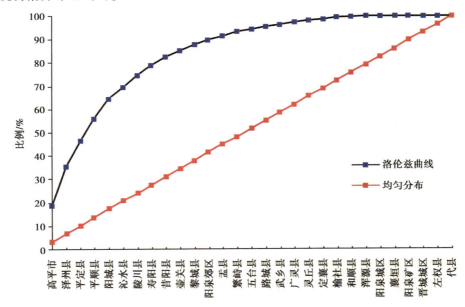

图 4-11　太行旅游板块主体区传统村落空间分布洛伦兹曲线

(四)沿军事要地和边关区域分布

太行山区地势险要,陉关众多,自古以来就是军事战略要地,是军事防御型传统村落分布的密集地带,很多传统村落的形成与屯兵戍边密切相关,逐渐形成了兼有军事防御、商贸物流与生活居住等多重功能的传统村落。如王家峪、娘子关和晋中、长治一带的城堡式村落建筑。

第四节　三大旅游板块传统村落空间布局的影响因素及启示

特殊的地形与河流等自然环境是传统村落空间格局的基础。同时,三大旅游板块传统村落的选址与分布又深深地打上了地域文化的烙印,是中国传统历史文化、风水理念以及三大旅游板块经济、交通、军事等人文因素的综合反映。

一、三大旅游板块传统村落空间布局的影响因素

(一)传统风水理念是传统村落布局选址的普遍性影响因素

趋吉避凶、择吉而居是中国历代聚落选址与布局的重要因素。第一,村落的选址必须与周围的环境相适应,要求村落与自然山水相契合。因此,山川秀丽的山水胜地往往是人们最理想的居住环境。黄河流域就以其肥沃的土地、优美的环境吸引人类来此择居。第二,中国传统聚落选址都体现趋吉避凶的思想,都会选择有利于人类生存与发展的吉祥环境。从远古时代开始,人们为了生存就不断地与自然界磨合,逐步形成一种环境吉凶意识。三大旅游板块大多数传统村落的选址、建制均体现了这种传统风水观的基本理念。从宏观角度而言,三大旅游板块多山,平原低地或山间盆地土肥水丰,自然环境良好,有利于人类生存与发展,自然成为人类理想的居住环境;从微观因素而言,三大旅游板块传统村落选址多依山面水、避风向阳,与环境适应,与山水契合,即使缺乏山水相依,也要在村落主体建筑上设置"象形"的东西体现趋吉避凶,北洸村曹家大院坐北朝南,南临山脉而北无靠山,就在建筑顶部加设了"牛、猪、羊"三个象征性的建筑物;张壁村南高北低,有悖于古代城市"子午"坐城北高南低之规则,就在北堡门上建两座庙宇,庙顶标高超过南堡门,以示北高南低等,均反映了中国传统聚落选址的传统文化理念。

（二）自然环境是影响三大旅游板块传统村落空间分布的关键因素

山西地理环境对村落的形成、发展有着直接的关系。首先，山西地处黄土高原东部，四周山环水绕，所谓"表里河山"，以河山为自然屏障，便于人类的生存、发展、繁衍，这是山西传统村落遗存多、分布广的主要原因之一；其次，山西多山，决定了传统村落选址和分布对平原低地的优先选择，这里不仅土地肥沃，交通便利，可为人类提供丰富的生产、生活资料，而且山环水绕，具有较强的生活安全感和聚合感，符合人类聚落"天人合一"的基本思路；最后，山西缺水，对水源的依赖既出于山西自然环境所限，也符合人类生存繁衍的基本需求，山西境内平原多由河流冲积而成，自然条件好，便于开发利用，经济价值高，再加之依山傍水的选址观念影响，黄河流域便形成了传统村落分布的密集带。

（三）经济是三大旅游板块传统村落空间分布的基础

三大旅游板块传统村落的布局与当时经济文化发展具有密切的关系。经济相对繁荣或发达的交通地易致人口及其聚落相对集聚，从而造就了具有浓郁地域文化和个性鲜明的村落。三大旅游板块传统村落数量丰富，但之所以相对集聚于黄河沿岸以及太行旅游板块南段，且村落建筑各具特色，究其原因，社会经济因素的作用很大。如黄河沿岸地处黄土丘陵，黄河为近代商贸流通、商品集散之地，沿岸村落建筑以立体式黄土窑洞为主，以碛口为代表的"码头"建筑齐备，体现了独特的黄河、黄土与晋商文化特色；太行旅游板块南段是古晋经济繁盛地区，但由于古代战乱频繁，村落建筑多为城堡式。可见，三大旅游板块传统村落的选址布局深受社会经济的影响。只是由于现代交通发生偏移或变迁，现存传统村落偏离现代交通要道或经济重心，因此传统村落才得以较好地保存。

（四）山西省特殊的地缘政治与军事地位也对传统村落分布产生着重要的影响

长城旅游板块是中原农耕文化与北方游牧文化交汇地带，自古以来为兵家必争之地,沿古长城形成以城堡为特色的传统村落;太行旅游板块南段的传统村落则与太行山区险要的地形及其军事位置有关。

二、空间分布对传统村落遗产保护与旅游开发的启示

三大旅游板块传统村落的形成和分布深受不同地域地理、历史、经济和文化要素的影响,同时,保留到今天的传统村落,从村落选址、建制、建筑乃至生活方式与风俗习惯等方面又将三大旅游板块的历史传统文化原生态地传承。每一个传统村落的景观元素,无论是聚落选址、街区规划、院落布局、建筑构造、村落风貌、装饰技巧,还是民俗风情,均显示了鲜明的地域个性和极强的旅游吸引功能,为传统村落旅游开发提供了丰富的物质基础,同时也为传统村落因地制宜的保护提供了启示。

(一)三大旅游板块传统村落的空间分异决定了旅游开发的多样性和差异化

传统村落作为人地和谐生存的典范,其珍贵的历史遗存、原生态的生活环境,尤其是丰富多彩的非物质文化资源,在追求返璞归真的今天具有极高的旅游品牌价值。一定意义上讲,一个个鲜活的村落就是一个个未经雕琢的旅游景区,这就是传统村落旅游的魅力,也是传统村落与其他遗产景区的最大区别。但每一个传统村落都不是按照一个模式"复制"的,三大旅游板块传统村落的空间分异明显,每一个传统村落都是地方自然地理环境和历史文化融合的景观意象,每一个传统村落的景观意象都具有极强的文化表达力①。传统村落景观的这种空间分布差异是传统村落旅游定位的基础,要求传统村落旅游形象定位的差异化和开发模式的多样性以及对传统村落构景要素中隐性资源的挖掘设计,忌千篇一律,"千村一面",正如皇城村的旅游定位与开发模式并不适用于碛口,皇城村的"迎圣驾""八音会"项目不能被其他传统村落套用。三大旅游板块传

---

① 邵秀英,李静.古村落旅游地旅游环境评价及案例研究——以碛口古镇为例[J].旅游科学,2007,21
(6):61-66.

统村落具有深厚的文化底蕴和鲜明的地域特色,为个性化旅游产品或项目设计提供了广阔的空间。

(二)传统村落赋存环境的地域差异要求保护措施因地制宜

三大旅游板块传统村落赋存环境的地域差异主要体现在三个方面:一是传统村落自身形成地理环境的多样性,建筑原料、建筑风格的特殊性,以及生活方式、民俗、民间艺术等非物质文化的地域性,要求采取因地制宜的保护措施,如黄土窑洞石质建筑的维修保护与深宅大院的精细雕刻有所差异。黄河旅游板块以黄土为主要材料的立体窑洞,目前虽然还保留较多,但极易被破坏,而且随着人们生活水平的提高,黄土窑洞将逐渐被砖式的房屋所取代。因此,政府要积极参与,采取政策正确引导当地居民对传统村落实施保护。二是传统村落赋存现状环境不同,如针对所在地的社会经济文化水平,是否具有保护意识与经济实力,采取针对性的政策与措施。三是传统村落旅游开发带来的赋存环境变化,有些传统村落通过旅游促进了开发与保护的协调,有些则导致了赋存环境被破坏,诸如传统生活方式因旅游冲击而改变,导致传统文化的遗失,原住民搬迁导致传统村落成为"空壳",街道、建筑由于旅游开发而拆迁、翻新。针对不同程度的"破坏",均应采取相应的保护措施,恢复传统村落原有的赋存环境。太行旅游板块南段主要是以石头和砖为主要建筑材料的城堡式建筑,建筑实体比较结实,同时,这些地区有较强的经济实力来实施传统村落的保护,如皇城村就很好地运用了"双村"保护模式来处理现代经济发展和传统村落保护的问题,但这些区域同样面临着严峻的形势,近年来,随着旅游的高速发展,大量游客的到来已经给传统村落造成了许多难以修复的破坏。因此,在发展传统村落旅游时,要考虑到村落本身的承载能力,实现旅游的可持续发展。

(三)传统村落地域差异决定着原住民利益诉求的多样性

原住民及其生活方式是传统村落"生活着"的标志,也是传统村落的吸引力和生命力所在。原住民利益诉求因传统村落赋存环境中经济水平或传统村落旅游发展程度而异。一般而言,在经济相对发达地区或较为成熟的传统村落旅游地,原住民利益诉求表现为更高层次的期望,即在提高生活水平与物质需求的基础上,开始权衡旅游受惠与对其生活影响的利弊,开始对因旅游而导致物价上升、因旅游商业气息深厚而扰乱了原有宁静的生活、无法保障自身的生活隐私等反感,甚至抵触,不希望因旅游打乱原有的生活状态和方式。而在经济欠发达地区或传统村落旅游起步阶段,原住民的利益诉求多体现在对旅游的期望,希望通过旅游增加就业机会、提高经济收入。三大旅游板块传统村落旅游发展层次不齐,按照原住民旅游期望的变化规律,三大旅游板块不同地域的传统村落由于经济背景和旅游开发利用现状的差异,原住民对旅游的期望不同。因此,在传统村落旅游发展过程中,要根据其所在地经济社会背景及其原住民的期望,因地制宜处理好旅游开发与原住民利益的分配关系,使原住民通过旅游真正受益,实现旅游地、游客、原住民共赢。如黄河旅游板块北段经济比较落后,人们期待旅游能够改变其生活状况,原住民参与旅游开发的积极性很高,同时游客也期望在这里领略到一些原生态的有晋西北特色的景观,所以,在传统村落旅游的开发过程中,应鼓励原住民参与,让原住民从中获得益处。太行旅游板块南段的传统村落开发都已相对成熟,这里原住民生活水平较高,不指望旅游来改变他们的生活。同时,由于处在旅游发展的成熟期,原住民对游客的态度已由开发初期的新奇转为冷漠,尤其是在旅游旺季的时候,大量游客的到来给原住民的生产、生活带来诸多不便,因此,许多人对旅游很反感,有时甚至会采取过激行为,所以必须处理好原住民与旅游发展的关系,对旅游给他们带来的不便要给予适当的补偿,使他们感到心理平衡。

5

三大旅游板块传统村落景观特征及
旅游发展现状

第一节　景观特征

三大旅游板块蕴涵着各自的文明和文化,也赋予了传统村落鲜明的地域文化特征,使传统村落景观分异明显。

一、黄河旅游板块传统村落景观特征

黄河是孕育中华民族灿烂文明的母亲河,从芮城西侯度遗址的"一堆圣火"(人类文化遗存最早代表),丁村早期智人,到兴县碧村揭示的北方石城遗址聚落形态和社会结构,说明早在远古时期的原始先民就生活和繁衍在黄河流域。流域是聚落发源地,聚落是流域人类繁衍和文化传承的重要载体。黄河母亲的博大胸怀养育了聚落,成为人类繁衍和文化传播的原生路径,散落在黄河岸边的传统村落,或因军事防御而生,或因漕运渡口而兴,或因耕读传家而兴,距今都有 300 年以上的历史,它们是黄河文明早期人类起源。无论是军事古堡,还是商埠古道、民居院落,都是黄河文化气象万千与历史变迁的见证。

黄河旅游板块属温带半干旱气候区,全年以西北风居多,且多为黄土丘陵,自然植被少,因此当地居民就因地制宜挖土为窑,土体窑洞为黄河旅游板块建筑形式的主体,且是四合院和一字形的联排式,一般主要房间坐北朝南,山墙、后墙一般不开窗,用厚重的砖墙砌筑,以防风寒。由于当地雨水少,屋顶一般为缓坡或平顶。

黄河旅游板块传统村落主要分布于北段(河曲、偏关)、中段(兴县、临县、柳林、石楼)和南段(晋南盆地)三个集聚区。在村落形成之初,由于黄河沿岸南北地区存在较大的环境差异,村落整体形态由北岸的农牧交错型向南岸的农耕型过渡,发展到后期,由于地理位置、经济文化等多重因素的影响,村落形态逐渐呈现出差异性。

（一）北段传统村落景观特征

北段是晋陕大峡谷的起源地,也是黄河与长城的相接地,处于重要的军事地位,传统村落大多表现为以军事防御为核心的堡寨型村落,后又因水运码头而兴。老牛湾村毗邻长城和黄河,临黄河而建,与明长城相依,聚落本身与地理环境浑然一体(图5-1)。以老牛湾村为代表的传统村落为明代长城防御系统的屯兵城堡,是我国长城防御时代的活标本,村落在建设之初主要用于军事防御,清代边备废弛之后,军堡转为边地渡口商埠,逐渐演变为生产、生活活动的物质载体,成为中原与塞外商业往来的水运码头,村民以河运为生,古堡、长城、古渡、栈道、古庙、村落交织,石路、石墙、石屋与渡伐民歌结合,凸显晋西北边塞商贸与军事城堡烙印。

图5-1 老牛湾村

（二）中段传统村落景观特征

中段沿黄吕梁段是中原政府对外开放的商贸通道,是黄河水运、晋蒙商道的重要组成部分,传统村落表现为以水运为核心的商贸型村落,成为晋商向西北发展业务、西北向中原运送物资的水旱码头。大量商贾在黄河岸边、黄土塬上造院建村,选址充分体现了"天人合一"的思想,依山而建的建筑走向和村落布局完全依从山势河岸的自然走向,错落有致,井然有序,在自然依附中加以改造,改造中呈现顺从,与山河完美和谐地结合在一起。从碛口到柳林,村落沿河谷布局,景观表达为层层叠叠的立体窑洞建筑,水陆码头与合院式立体窑洞集聚,房屋依山势而建,院落呈阶梯状分布,宛如一幅幅立体画卷。街道、店铺、码头、驿站与村民原生态的生活,充分反映了黄河水运与晋商繁荣景象。山与河相伴,渡口拉纤、繁华码头与市井文化演绎了晋陕峡谷一段辉煌璀璨的河运渡口文化景观。

柳林县三交村位于水势平缓的黄河东岸,西与陕西省隔河相望,是三晋与陕北文化重叠的传统村落,借助晋陕大峡谷黄河水运的优势,当时商贾云集、名扬周边,成为山西商人向西北地区扩展的水旱码头。另外,三交村背山面水、崇山峻岭环绕四周的格局使其具有重要的军事意义,成为历来兵家必争之地。如今具有红色革命气息的历史建筑仍然完好地保留在村内(图 5-2)。

图 5-2　柳林县三交村

(三)南段传统村落景观特征

南段晋南盆地地势平坦,自然资源丰富,农耕发达,河东文化发育,耕读传家,历史上还出现了许多经商或做官的名门望族,使得传统村落表现为以耕读文化为核心的商贸兼农耕型村落[①]。传统村落多建于明清晋商繁荣时期,院落建筑气派,或平面多进或依山顺势窑洞合院布局,凸显晋南汉民族民居建筑特

---

① 王金平,左敬.三大旅游板块视角下的山西传统村落研究[J].太原理工大学学报,2020,51(6):918-925.

点的同时,巧妙植入欧洲"哥特式"风格,中西融合,趋吉文化鲜明,建筑装饰精美,与殷实、深厚的晋商、河东文化相匹配。

地处黄土丘陵的平陆县域还多见下沉式窑洞(地窨院)。地窨院是在黄土地上挖掘出来的居住空间。平陆县地形复杂,自古以来人们就用"平陆不平沟三千"的俗语来描绘它,这种特殊的自然环境和悠久的居住建造习俗形成了独特的民居形式——地窨院,"平地挖坑,坑壁打窑",对于缺乏木材石料、风大地寒的黄土塬地来说,没有比地窨院更好的居住形式了(图5-3)。

闫景村李家大院是一座反映晋南民居风格的典型建筑,整个建筑属于竖井式聚财型四合院,同时也吸纳了徽式建筑风格,融合了中国南北建筑特色。砖雕、石雕、木雕及铁艺等饰品有晋南地区汉族民间多子多福、三星高照、五福临门、松鹤延年、耕读传家等吉祥含义,体现出晋南的汉族民俗、民风和文化特点。部分院落为"哥特式"建筑,从而又呈现出中西文化交流融合的艺术特点,为汉族地方特色民居中的独例(图5-3)。

图 5-3　地窨院、闫景村李家大院

二、长城旅游板块传统村落景观特征

山西保留的战国至明朝各个历史时期的长城遗址,见证了历史上匈奴、党项、鲜卑、沙陀等多个民族的融合,是山西作为民族熔炉的历史象征和文化地标。它既是祖先遗留下来的宝贵遗产,也是山西厚重文化底蕴的代表。长城旅游板块传统村落的形成与明朝"九边十一镇"的边防防御体系密切相关。晋北地区山峦起伏、沟壑纵横，东有太行阻隔，西有吕梁屏障，军事战略地位极高，自古为兵家必争之地。明初，由于蒙古残余势力经常南侵，明政府为了巩固北方领土，选择以水为屏或以山为障的地区建设边陲重镇来加强防御，所以长城旅游板块传统村落多处于边、关地区，因屯兵、戍边而兴起，最初是军事型聚落，这些传统村落的选址或许不是择吉而居的"风水宝地"，却是军事防御的战略要地，在聚落形态和规制上呈现出"堡"的形态，主要具有军事防御和驿道功能，聚落景观的显著特征就是由城墙、垛口、敌楼、烽火台、关口、驿道等组成的防御性建筑。随着清代以后战事的减少，且地处中原农业文明和北方游牧文明的融会点，中原民族与少数民族之间的商贸活动频繁发生，军事城堡式聚落逐渐向边贸集市和行政村落转变，因而，现存完好的关隘型传统村落中，不乏街市、商铺，反映了地处边关聚落的商贸流通、文化交融与传播功能。

新平堡村地处晋、冀、蒙三省（区）交界处，是外长城村落的典型代表，古村因军而起，依托明长城构成了一个完整的防御体系，境内有战国（赵）、汉、北魏、明四代长城近 50 千米，古堡、边墩、炮台都有较完整的实物，是研究明朝边防军事古堡布局的典型范例；又因商而盛，历史上设有马市，商贸街两侧店铺林立，是重要的边塞贸易口岸，现存的文物古迹和保留的民俗文化都是少数民族文化与汉文化交融的见证。

旧广武村沿山置隘，东连平型关，西接雁门关，军事防卫对雁门地区的安危举足轻重，所以自春秋时期起就是戍边防御和兵戎相见的重点区域。古村聚落格局和山水格局的关系体现了古人在筑城选址方面的精湛技艺，兼顾了战争和屯田的双重要求，既保证了城池，又可同时抵抗战争破坏和自然力量的侵蚀，村内遗留至今的城墙、城门、垛口、马面等都是聚落延续千年的历史见证。

新平堡村、旧广武村如图 5-4 所示。

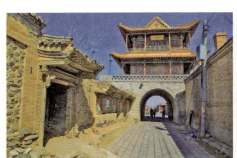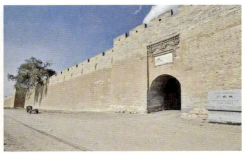

图 5-4　新平堡村、旧广武村

三、太行旅游板块传统村落景观特征

太行旅游板块地形复杂,传统村落大多因山就势,主要集中分布在阳城—泽州—高平带状区域、平顺县北部区域和平定县域三个集聚区。太行山区地势险要,自古就是军事战略要地,关隘防御型传统村落是这一地区传统村落的典型,如娘子关、麻田和长治、晋城一带的城堡式村落建筑。与长城旅游板块传统村落的单层防御相比,太行旅游板块的防御则分为外层堡楼、中层城墙、内层村庄的三层式结构。从这种独有的结构看,太行旅游板块传统村落多了浓厚的生活气息。太行旅游板块早期先民聚集地以农耕型聚落为主,但由于所处的经济、政治和文化环境不同,聚落演变呈现出多样化。

(一)北太行区传统村落景观特征

北太行区传统村落多为典型的山间聚居形态,聚落形态多以石砌窑洞为主,有的依山傍水,位于群山环抱之中,村中有河沟穿越,村落依坡就势,参差错落;有的依山顺势,布局灵活多样,整个村落的轮廓与所在地的地形、地貌、山水等自然风光和谐统一。民居受地形限制,院落空间狭小紧凑,建筑为中国北方合院式古民居建筑,就地取材,不拘一格,主要使用木材、石材等修建成错落有致的石头院落,石房石瓦、石径石墙、石磨等,与周围的青山融为一体,自然原生态的利用发挥到了极致,外观朴素,坚实浑厚。

北太行区传统村落深受五台山佛教文化影响,存在多处军事防御文化与宗教信仰文化交织的传统村落。典型聚落有茨沟营村和平型关村(图 5-5),两村的堡寨都是长城防御体系的重要组成部分,由于要达到防御的特殊目的,村民往往将精神上的安全期盼寄托于神明保佑,因此传统堡寨聚落普遍建有各类庙宇,甚至将庙宇与城门相结合,从而满足村民的精神需求。

图 5-5　茨沟营村碧霞祠、平型关村

平型关村群山环绕,风景秀丽,长城堡寨的建设与山脉自然环境融为一体,形成符合其使用功能的建筑形态与空间布局,与周边环境共同构成独特的军事建筑遗存景观,蕴含丰富的历史信息。

(二)中太行区传统村落景观特征

中太行区传统村落以具有深厚红色文化底蕴为特色。王家峪村四周环山的军事防御环境以及独特的地理优势孕育出深厚的革命文化底蕴,村内遗存的建筑空间和建筑结构是抗日斗争的物质印记,见证了红色战争的历史,代表了中华民族的民族气节和精神价值,也是进行爱国主义教育的优秀实景教材(图5-6)。

图 5-6　王家峪村

（三）南太行区传统村落景观特征

南太行区为暖温带半湿润地区,雨量充沛,湿度大,村落呈组团状聚合,当地民居主要采用独院式几进四合院,一般为 2~3 层阁楼式建筑,屋顶为厚坡顶板瓦屋面,以利排水。有的在一层、二层设有通廊柱,有的在二层设木挑廊,以防雨水。阁楼式建筑很好地适应了当地多雨、潮湿的气候特征。同时,太行旅游板块南段商业繁荣,培育了重教尚文的人文习惯,给传统村落打上了耕读文化、文人士大夫文化的烙印,这些聚落宅院风格别具一格,具有浓厚的文人士大夫气息与精神追求,如皇城村、郭峪村、上庄村等,景观表达为:大部分村落中建有文庙、文峰塔、文昌阁、魁星楼等,成为教化民风的重要场所;匾额、题刻、对联以及各种雕刻等建筑配饰上,都打上了耕读文化的印记,如"诗礼传家""耕读传家""慎言""孝义"等无不体现了崇文重教的耕读情怀。

由村庄、城墙和堡楼三道防线构成的防御体系也是南太行区传统村落景观最显著的特征,堡楼内部设碾、磨、水井、粮仓等生活设备和防御用的垒石、射孔、地道等,街巷的过街楼则起到道路通畅、便于疏散的作用。堡内民居一般为两层四合院落,丁字形街巷,多变的拱门与高低起伏的屋顶和虚实对比的墙面,使传统村落空间封闭、静谧,体现了古代民居所具有的聚合感、归属感和安全感。

良户村依山傍水,三面环山,一面绕水。主要建筑依自然形势择吉选址,东西较长,北高南低。主要街道有后街、西街、东街、太平街和蟠龙古寨,街道多数沙石铺砌,排水流畅,对村落的保护起到了关键的作用。民居古建筑遗存十分丰富,高低错落的阁楼老房,结构精巧的院落布局,美妙绝伦的"三雕"艺术,无不透射出古朴厚重的明清风貌和人文遗物。蟠龙古寨是一组规模宏大的城堡式明清建筑群,城内空间布局和建筑风格融宫廷规制与地方特色为一体,巧妙地把封建礼制与建筑工艺有机地结合在一起,既有北方的大气,又有江南的秀美,是整个晋城城堡式民居的缩影。

皇城村枕山临水,建筑依山就势,随形生变,官宅民居,鳞次栉比,是一组别具特色的明清城堡式官宅建筑群。整个建筑群分为内城和外城,另外还有内城墙、河山楼和屯兵洞等具有民防性质的建筑。

良户村、皇城村如图 5-7 所示。

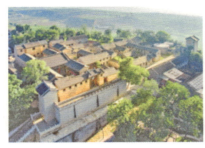

图 5-7　良户村、皇城村

第二节　旅游开发利用现状

传统村落是生活着的村落,是农村乡土文化的活文物,而不是遗址,决定了传统村落旅游要突出体验而不是参观或普通的农家乐休闲。作为组成传统村落核心的原住民,既是传统村落旅游的客体,也是主体,决定了传统村落旅游开发管理的复杂性。再加上三大旅游板块传统村落大多地处偏僻,交通不便,经济相对落后,旅游意识淡薄,保护与开发利用起步时间各异,旅游接待条件和能力参差不齐,导致三大旅游板块传统村落旅游发展的不平衡。三大旅游板块传统村落中,既有国家 AAAA、AAAAA 级等知名度较高的成熟景区,也约有 50% 的传统村落未得到有效的旅游开发利用。从旅游开发利用角度而言,三大旅游板块传统村落可分为成熟型、较成熟型、开发初期和未开发四个类型。

一、成熟型传统村落

有国家 A 级景区,或包括在 A 级景区、风景名胜区、旅游度假区范围内,或获得国家荣誉称号的传统村落,属于旅游开发利用成熟型传统村落。三大旅游板块主体区 394 个传统村落中,43 个村落旅游开发为成熟型,约占 10.7%,其中

36 个村落中有 A 级景区或村落包括在 A 级景区内,2 个村落位于国家级风景名胜区内,5 个村落位于省级风景名胜区内,5 个村落被评为全国乡村旅游重点村,2 个村落为全国红色旅游经典景区,1 个村落有国家三级博物馆(表 5-1)。黄河旅游板块主体区旅游开发成熟型传统村落占黄河旅游板块主体区传统村落总数的 21.1%,长城旅游板块主体区旅游开发成熟型传统村落占长城旅游板块主体区传统村落总数的 7.1%,太行旅游板块主体区占总数的 9.2%。

表 5-1　三大旅游板块主体区旅游开发成熟型传统村落

板　块	涉及传统村落	景区、风景名胜区、度假区	景区、风景名胜区或村落所获荣誉
黄河旅游板块	万荣县高村乡阎景村	李家大院	AAAA 级景区
	永济市蒲州镇西厢村	普救寺	AAAA 级景区 山西省休闲农业和乡村旅游示范点
	乡宁县关王庙乡塔尔坡村、下川村、后庄村、上川村、鹿凹峪村、安汾村	云丘山旅游景区	AAAAA 级景区
	乡宁县关王庙乡康家坪村		AAAAA 级景区 山西省休闲农业和乡村旅游示范点
	临县碛口镇李家山村	碛口风景名胜区 碛口古镇旅游景区	国家级风景名胜区 AAAA 级景区 中国美丽休闲乡村
	临县碛口镇西湾村		国家级风景名胜区 AAAA 级景区
黄河、长城旅游板块	偏关县万家寨老牛湾村	老牛湾风景名胜区 老牛湾风景区	省级风景名胜区 AAAA 级景区 山西最美旅游村
长城旅游板块	山阴县张家庄乡旧广武村	广武风景名胜区	省级风景名胜区

续表

板 块	涉及传统村落	景区、风景名胜区、度假区	景区、风景名胜区或村落所获荣誉
长城旅游板块	右玉县李达窑乡破虎堡村	右玉生态旅游区	AAAA 级景区
	宁武县涔山乡王化沟村	芦芽山生态旅游区	省级旅游度假区 AAAA 级景区
太行旅游板块	阳城县北留镇皇城村	皇城相府	AAAAA 级景区 省级风景名胜区 山西省旅游名镇名村 山西最美旅游村 全国特色景观旅游名村 中国最美休闲乡村 山西省 AAA 级乡村旅游示范村
	阳城县润城镇上庄村	天官王府	AAAA 级景区 山西省 AAA 级乡村旅游示范村
	泽州县大阳镇东街村、西街村、一分街村、四分街村	大阳古镇	AAAA 级景区
	沁水县土沃乡西文兴村	柳氏民居	AAAA 级景区 全国特色景观旅游名村
	昔阳县大寨镇大寨村	大寨景区	AAAA 级景区 全国乡村旅游重点村 山西省旅游名镇名村 山西最美旅游村 全国休闲农业与乡村旅游示范点
	平顺县东寺头乡神龙湾村	天脊山景区	AAAA 级景区 天脊山国家地质公园 省级风景名胜区 全国特色景观旅游名村

续表

板　块	涉及传统村落	景区、风景名胜区、度假区	景区、风景名胜区或村落所获荣誉
太行旅游板块	阳高乡奥治村、车当村		AAAA 级景区
	平顺县石城镇白杨坡村	太行水乡景区	AAAA 级景区 中国最美休闲乡村 山西省 AAA 级乡村旅游示范村 山西省休闲农业和乡村旅游示范点 山西省旅游特色名村
	平顺县虹梯关乡虹霓村	通天峡景区	AAAA 级景区 山西省 AAA 级乡村旅游示范村
	阳城县河北镇孤堆底村	孙文龙纪念馆	AAA 级景区 山西最美旅游村
	阳城县北留镇大桥村	海会书院景区	AAAA 级景区
	阳城县北留镇郭峪村	郭峪古城景区	AAAA 级景区
	阳城县润城镇上伏村	河阳商道古镇	AAA 级景区
	沁水县郑村镇湘峪村	湘峪古堡景区	AAAA 级景区
	阳泉郊区义井镇小河村	小河评梅景区	AAA 级景区 全国乡村旅游重点村 山西省旅游名镇名村 山西最美旅游村 山西省 AAAA 级乡村旅游示范村
	平定县娘子关镇娘子关村	娘子关景区	AAAA 级景区 全国乡村旅游重点村 省级风景名胜区 中国最美休闲乡村 山西省 AAAA 级乡村旅游示范村
	平定县娘子关镇新关村	固关长城	AAA 级景区 山西省 AAA 级乡村旅游示范村

续表

板　块	涉及传统村落	景区、风景名胜区、度假区	景区、风景名胜区或村落所获荣誉
太行旅游板块	寿阳县平舒乡龙门河村	祁寯藻故里	AAA 级景区
	泽州县大东沟镇峪南村	可寒山	AAA 级景区
	阳泉郊区平坦镇官沟村	银圆山庄	AA 级景区
	阳城县润城镇中庄村		全国乡村旅游重点村 中国美丽休闲乡村
	陵川县丈河村		全国乡村旅游重点村 山西最美旅游村 山西省休闲农业和乡村旅游示范点
	武乡县砖壁村	八路军总部砖壁旧址纪念馆	全国乡村旅游重点村 全国红色旅游经典景区 山西省休闲农业和乡村旅游示范点
	武乡县王家峪村	八路军总部旧址王家峪纪念馆	全国红色旅游经典景区 国家三级博物馆

皇城村皇城相府景区和阎景村李家大院景区如图 5-8 所示。

图 5-8　皇城村皇城相府景区、阎景村李家大院景区

二、较成熟型传统村落

　　旅游开发利用较成熟型传统村落定义为旅游开发时间较早,旅游设施基本完善,吃、住、行、游、购、娱旅游六要素基本齐全,旅游接待人数较多的传统村落。三大旅游板块主体区旅游发展较成熟的传统村落中(表5-2),有3个被评为山西省休闲农业和乡村旅游示范点,3个获山西最美旅游村称号,27个山西省 AAA 级乡村旅游示范村,1个山西省 AAAA 级乡村旅游示范村。其中黄河旅游板块主体区获得荣誉的较成熟型传统村落占黄河旅游板块主体区传统村落总数的5.3%,长城旅游板块主体区获得荣誉的传统村落占长城旅游板块主体区传统村落总数的16.1%,太行旅游板块主体区占总数的7.2%。

表 5-2　三大旅游板块主体区部分开发较成熟型传统村落

板　块	村落名称	村落所获荣誉
黄河旅游板块	临县碛口镇寨则山村	山西省休闲农业和乡村旅游示范点
	柳林县三交镇三交村	山西省 AAAA 级乡村旅游示范村
	柳林县薛村镇军渡村	山西省 AAA 级乡村旅游示范村
长城旅游板块	朔州朔城区青钟村	山西最美旅游村
	天镇县新平堡村	中国美丽休闲乡村 山西省 AAA 级乡村旅游示范村
	灵丘县独峪乡花塔村	山西省休闲农业和乡村旅游示范点 山西省 AAA 级乡村旅游示范村
	广灵县壶泉镇涧西村	山西省 AAA 级乡村旅游示范村
	浑源县永安镇神溪村	
	云冈区高山镇高山村	
	新荣区堡子湾乡得胜堡村	
	岢岚县王家岔乡王家岔村	
太行旅游板块	盂县大宋村	山西最美旅游村
	阳泉郊区荫营镇辛庄村	山西省休闲农业和乡村旅游示范点
	泽州县冶底村	山西最美旅游村

续表

板　块	村落名称	村落所获荣誉
太行旅游板块	寿阳县宗艾镇下洲村	山西省 AAA 级乡村旅游示范村
	平定县冠山镇宋家庄村、巨城镇南庄村、移穰村、东回镇七亘村、娘子关镇下董寨村、张庄镇宁艾村	
	阳泉郊区西南舁乡大洼村	
	盂县梁家寨乡骆驼道村	
	五台县东冶镇永安村	
	平顺县石城镇岳家寨村	
	泽州县大东沟镇贺坡村、北义城镇西黄石村、周村镇石淙头村	
	沁水县土沃乡南阳村、嘉峰镇窦庄村	
	高平市原村乡良户村	
	黎城县停河铺乡霞庄村、洪井乡孔家峧村	

花塔村和辛庄村如图 5-9 所示。

图 5-9　花塔村、辛庄村

三、开发初期传统村落

开发初期传统村落是指正在实施旅游开发,或已经开发完毕,具备一定的旅游接待能力,但旅游设施不甚完善的传统村落。随着近几年旅游业快速发展及政策支持,一些正在实施旅游开发的村落都属于这一类型,如大阳泉村、落阵营村(图5-10)等。

图 5-10　落阵营村

四、未开发传统村落

未开发传统村落指目前还没有向游客开放,仅限于考察或保护,基本没有旅游收入的传统村落,目前50%左右的传统村落都属于这一类型。

黄河旅游板块中段和南段传统村落旅游发展较快,北段传统村落旅游发展较慢,南段大多数传统村落都集中在乡宁县云丘山景区内,景区发展带动了传统村落的发展。长城旅游板块旅游发展成熟型传统村落较少,A级景区较少,大多数村落都处于开发初期或未开发状态。太行旅游板块传统村落数量较多,旅游发展成熟型村落也较多,尤其是南太行区域,申报 A 级景区的意识较强,村落内有 A 级景区,或村落包括在 A 级景区内。传统村落保护与旅游发展呈现出的这种地域差异与不平衡性,使得三大旅游板块传统村落保护与旅游开发利用机遇与挑战并存。

6

基于游客感知的传统村落旅游地
发展评价

第一节　后沟古村游客游后评价

后沟古村位于晋中市榆次区东赵乡,总占地 1.33 平方千米,现有村民 110户,264 人。后沟古村有文字可考的历史可追溯到唐代,被誉为"黄土旱塬农耕文明的传统经典",是一个保存完整、系统、原汁原味原生态的传统村落,山环水绕,背依太行山支脉要罗山脉,龙门河环村流过,地貌为典型的黄土高原低山丘陵,数千年的雨水冲刷形成了千万条沟壑,地势起伏,独特的地理环境形成了后沟古村沟、垣、坡、滩纵横交错的独特风貌。2003 年后沟古村被中国民间文化艺术家协会确定为中国民间文化遗产抢救工程唯一的传统村落调查范本。2005年榆次区政府开始对后沟古村进行保护抢救和旅游开发,并于 2005 年将其作为农耕文化景区对外开放;2008 年,后沟古村被评为"山西省旅游名村";2009年荣获"中国景观村落";2012 年列入首批中国传统村落名录;2020 年,被评为国家 AAAA 级旅游景区(图 6-1)。

图 6-1　后沟古村

在游客旅游体验过程中,游客评价直接影响到游客的满意度和重游概率,也是维持景区发展的重要手段。对后沟古村游客进行问卷调查,了解游客人口学特征以及满意度,运用方差分析法从调查结果中分析得到人口学特征对游客游后满意度的影响。

一、问卷设计

笔者根据相关文献综述,并结合后沟古村旅游发展的自身特点设计调查问卷。问卷主要包括两部分:第一部分,人口学特征,包括被调查者的性别、年龄、职业、学历、月收入和来源地等信息;第二部分,游客游后评价,涉及旅游资源、员工服务、配套设施、景区环境和景区价格5个方面,共计20个量项。采用李克特5级量表测量游客对各量项的认同程度,1—5分别表示非常不满意,比较不满意,一般,比较满意,非常满意。采取实地发放问卷的方式,以后沟古村游客为调研对象,于2020年11月—2021年2月多次进行,先后发放问卷162份,收回162份,回收率100%,其中有效问卷156份,有效率96.29%。

二、问卷分析

(一)人口学特征分析

女性游客偏多,约占60.3%;游客年龄以18—29岁居多,共有82人,占52.6%,30—45岁的游客32人,占20.5%;职业以学生、公司职员和事业单位人员为主,分别占50%、14.1%和10.3%;学历以大学本科居多,占55.1%;月收入以1 000元以下和1 001~3 000元为主,分别占29.5%和30.8%;游客主要来自本省,省外游客较少,后沟古村游客人口学特征分析见表6-1。

表6-1 后沟古村游客人口学特征分析

变量	选 项	人 数	百分比	变量	选 项	人 数	百分比
性别	男	62	39.7	年龄	60岁及以上	24	15.4
	女	94	60.3		学生	78	50
年龄	18岁以下	4	2.6		公司职员	22	14.1
	18—29岁	82	52.6	职业	事业单位人员	16	10.3
	30—45岁	32	20.5		个体经营者	10	6.4
	46—59岁	14	9		农民	8	5.1

续表

变量	选 项	人 数	百分比	变量	选 项	人 数	百分比
职业	公务员	8	5.1	月收入	3 001~5 000 元	28	17.9
	离退休人员	10	6.4		5 001~7 000 元	22	14.1
	其他	4	2.6		>7 000 元	12	7.7
学历	高中及以下	38	24.4	来源地	省内	140	89.74
	大学专科	14	9		省外	16	10.26
	大学本科	86	55.1				
	硕士及以上	18	11.5				
月收入	<1 000 元	46	29.5				
	1 001~3 000 元	48	30.8				

(二)信度和效度检验

为确保调研所得数据的可靠性,首先对样本数据进行信度和效度检验。采用克朗巴哈 α 信度系数检验信度,显示各个变量的信度系数均达到 0.7 以上,相对来说信度较好,数据可靠。通过 KMO 检验检测调查问卷的结构效度,评价指标 KMO 大于 0.9,说明问卷具有高度内部相关性,问卷通过效度检验(表6-2)。

表 6-2　调查问卷信度和效度分析

信度分析		效度分析	
选 项	Cronbach'salpha	KMO 取样适切性量数	0.923
旅游资源满意度	0.8	巴特利特球形度检验	近似卡方	2 060.111
员工服务满意度	0.78		自由度	120
景区配套设施满意度	0.922			
景区环境满意度	0.887		显著性	0.000
景区价格满意度	0.728			

（三）游客总体评价分析

由表6-3可知,游客对后沟古村的总体评价均值为3.64,各量项的评价均值排序为旅游资源>景区价格>员工服务>景区环境>配套设施。游客对各量项的满意度均位于3~4分,即一般满意和较满意之间,尤其对旅游资源原真性的满意度达到4.04分,说明后沟古村旅游资源保存得较好,且都基本保持了原生状态。员工服务中最满意的是服务质量;对景区的配套设施最满意的是停车场和住宿设施;对景区环境最满意的是传统村落的环境;景区价格方面,最满意的是特产价格,后沟古村土特产均由村民在路边摆摊销售,价格公正合理,且产品均为村民自家种植。

表 6-3　后沟古村游客游后总体评价(%)

量　项	均　值	1	2	3	4	5
旅游资源	3.81	1	7.7	25	42	24.3
旅游资源的丰富度	3.44	1.3	16.7	37.2	26.9	17.9
资源保存的完整性	3.96	0	5.2	19.2	50	25.6
资源的原真性	4.04	1.3	2.6	19.2	44.9	32
旅游资源历史文化价值	3.81	1.3	6.4	24.4	46.2	21.7
员工服务	3.67	2.4	9.6	29.3	36.3	22.4
服务态度	3.74	1.3	7.1	31.3	37.2	23.1
服务效率	3.5	4.5	14.1	28.2	33.3	19.9
服务质量	3.77	1.3	7.7	28.2	38.4	24.4
配套设施	3.48	1.3	15.4	35.6	29.7	18
卫生间	3.44	1.3	12.8	42.3	28.2	15.4
停车场	3.53	0	15.4	38.4	24.4	21.8
餐饮设施	3.42	2.6	17.9	30.7	32.1	16.7
住宿设施	3.53	1.3	15.4	30.8	34.6	17.9
景区环境	3.54	1.6	13.1	34	31.7	19.6
古村环境	3.81	1.3	7.7	26.9	37.2	26.9
周边环境	3.51	1.3	14.1	35.9	29.5	19.2

续表

量　项	均　值	1	2	3	4	5
餐厅环境	3.42	2.6	17.9	30.8	32	16.7
住宿环境	3.44	1.3	12.8	42.3	28.2	15.4
景区价格	3.68	0.78	11.4	30.4	33.6	23.82
门票价格	3.58	1.3	11.5	35.9	30.8	20.5
食宿价格	3.6	0	15.4	28.2	37.2	19.2
特产价格	3.86	0	5.1	29.6	39.7	25.6
停车费价格	3.69	1.3	10.3	32.1	30.7	25.6
导游讲解价格	3.69	1.3	14.7	26.3	29.5	28.2

（四）游客评价差异分析

选取独立样本 t 检验和单因素方差分析对后沟古村游客评价的方差进行检验,进一步确定人口学特征对游客评价的显著性差异程度(表6-4)。独立样本 t 检验用于检验两组非相关样本与各变量数据之间的差异性,所以性别和来源地使用独立样本 t 检验进行评价,当独立样本 t 检验的 Sig 小于 0.05 时,不同人口学特征的游客评价存在显著性差异。单因素方差分析是两个样本平均数的比较,用于检验多个平均数之间是否存在差异,年龄、职业、受教育程度和月收入采用单因素方差分析进行检验,若 Sig 小于 0.05,则说明存在显著性差异,需要在组内进行比较。

1.不同性别游客的评价差异

不同性别游客对旅游资源、员工服务、景区配套设施、景区环境和景区价格五个量项均存在显著性差异,男性对后沟古村的评价略高于女性。女性游客在旅行过程中比男性游客考虑得更多,如旅游中的体验性及基础设施的便利性;而男性游客对传统村落旅游地的兴趣更加浓厚,在旅游活动中参与度更高。

2.不同年龄游客的评价差异

不同年龄的游客对旅游资源不存在显著性差异,对员工服务、配套设施、景区环境和景区价格存在显著性差异。除了 18 岁及以下和 60 岁及以上年龄段的游客,其他年龄段的游客对后沟古村的评价均值随年龄增加而上升,说明年轻的游客有更多的精力以及更强烈的自我表现,消费欲望更加旺盛,对景区要求更高;18 岁以下的游客满意度大于 30 岁以上的游客,年龄越大对景区的配套设施、景区环境更加在意,如是否有第三卫生间和母婴室、停车场费用是否合理等。

3.不同职业游客的评价差异

不同职业的游客对员工服务不存在显著性差异,对旅游资源、景区配套设施、景区环境和景区价格存在显著性差异。学生、离退休人员和农民对景区满意度较高,公司职员、个体经营者和公务员的知识水平和消费水平相对较高,对旅游资源的价值、配套设施的完善性和景区环境等要求较高。

4.不同学历游客的评价差异

不同学历的游客对员工服务和景区价格不存在显著性差异,对旅游资源、景区配套设施和景区环境存在显著性差异。随着学历的提高,游客对景区的评价均值呈现上升趋势,有一定知识储备的游客,才能更深刻地体会传统村落景区的价值。

5.不同月收入和不同来源地游客的评价差异

不同月收入的游客对旅游资源、员工服务、景区配套设施、景区环境和景区价格不存在显著性差异。不同来源地的游客对旅游资源、员工服务、景区配套设施、景区环境和景区价格存在显著性差异,省内游客评价高于省外游客。

表 6-4 各量项在人口学上的差异性分析

项 目		旅游资源	员工服务	配套设施	景区环境	景区价格
性别	男	2.95	3.26	3.39	3.02	3.08
	女	2.69	3.05	3.28	3.16	2.62
	t	2.397	2.676	5.194	5.84	2.737
	Sig	0.018	0.008	0.000	0.000	0.007

续表

项　目		旅游资源	员工服务	配套设施	景区环境	景区价格
年龄	18 岁以下	4.62	5.32	5.2	4.04	3.77
	18—29 岁	2.76	2.93	3.33	3.33	2.73
	30—45 岁	2.58	3.25	3.65	3.08	3.2
	46—59 岁	2.42	3.27	3.22	2.63	2.05
	60 岁及以上	5.2	4.24	4.62	4.62	4.43
	F	1.27	2.64	5.158	5.892	2.415
	Sig	0.278	0.009	0.000	0.000	0.039
职业	学生	2.62	2.75	3.2	3.13	2.8
	公司职员	2.56	4.09	3.91	3.98	2.86
	事业单位人员	2.39	3.63	3.52	2.97	2.47
	个体经营者	2.46	3.69	3.36	3.29	3.06
	农民	2.73	2.36	2.87	1.77	2.33
	公务员	2.78	2.43	2.33	2.05	2.64
	离退休人员	3.36	3.06	3.79	3.53	3.03
	其他	4.04	5.32	5.2	4.04	3.77
	F	3.58	1.152	3.672	3.948	2.07
	Sig	0.001	0.334	0.001	0.001	0.05
学历	高中及以下	3.41	3.32	3.84	3.50	2.92
	大学专科	3.48	4.27	4.74	4.51	2.8
	大学本科	2.55	2.95	3.17	3.16	2.79
	硕士及以上	1.53	2.74	3.02	2.33	2.15
	F	3.942	1.408	3.542	3.352	2.191
	Sig	0.002	0.225	0.005	0.007	0.058
月收入	<1 000 元	2.61	2.45	3.28	3.15	2.41
	1 001~3 000 元	2.61	3.06	3.38	3.38	3
	3 001~5 000 元	3.11	3.31	2.95	2.73	2.35
	5 001~7 000 元	2.03	2.9	3.5	3.22	2.57
	>7 000 元	2.99	4.08	3.59	2.92	3.26
	F	3.06	6.088	7.908	8.003	6.543
	Sig	0.226	0.093	0.685	0.319	0.09

续表

项　目		旅游资源	员工服务	配套设施	景区环境	景区价格
来源地	省内	2.73	3.20	3.51	3.34	2.88
	省外	3.61	3.16	4.06	3.79	2.78
	t	1.109	1.026	1.818	2.095	1.096
	Sig	0.269	0.318	0.071	0.038	0.287

三、结论与建议

(一)结论

第一,女性游客多于男性游客;18—29岁的游客最多;学生游客最多;本科及以上学历的游客有104人;3 000元以下月收入的游客有94人;省内游客140人。第二,游客对后沟古村的游后总体评价为3.64,介于一般满意和比较满意之间,各量项的游客游后评价均值排序为:旅游资源>景区价格>员工服务>景区环境>配套设施。第三,不同人口学特征的游客对后沟古村的游后评价存在差异,其中男性游客满意度高于女性游客;年龄越大满意度越高;学生、离退休人员、农民满意度较高;随着学历的提升满意度呈上升趋势;不同月收入的游客对游后满意度不存在差异;省内游客游后评价高于省外游客。

(二)建议

第一,凸显本土特色,丰富旅游产品。后沟古村旅游资源丰富,但传统村落旅游特点不鲜明,应开发具有古村特色的旅游产品,让游客感受独特的民俗文化,提升游客游后评价。年轻游客在游览过程中参与度不高,游后评价较低,景区应充分利用传统工艺,如磨豆腐、酿酒等,引导游客参与其中,感受当地文化习俗。第二,提升服务水平。对员工进行定期培训,完善服务标准,提升服务效率,让游客享受到更好的服务。向年龄大的游客提供服务时要有耐心;对学历较低的游客进行简单易懂的导游讲解。第三,完善基础设施。后沟古村内的卫生间数量较少,指示牌不够明显,景区内没有第三卫生间,在不破坏环境的前提下,增加景区内的卫生间数量,在明显位置增加指示牌。

第二节　碛口古镇景区游客感知评价

游客感知是游客通过感官获取旅游对象和旅游环境信息的心理过程,包括游客已有印象与旅游地文化的碰撞协同过程,也包括游客对旅游地整体形象的个人认知。游客感知不仅会影响旅游决策,还会影响游客的游后评价,对景区文化的传承、保护和利用发挥着不可或缺的作用。网络的发展丰富了人们的生活,人们通过网络查找各种旅游信息,有目的地进行景点的选择,并通过对网络资源的整合合理地制订交通与住宿计划。旅游者在旅游网站、博客、朋友圈等互联网终端上记录自己的旅游想法、体验和游后感受,将自己的旅游感知传达给大量潜在游客,潜移默化地影响着游客出游的关注热点。这种网络游记是旅游者分享自己体验的一种方式,具有一定的真实性和客观性,可以真实地反映目的地的各种形象感知。当前采集网络游记文本作为数据来源,利用网络分析法进行研究,逐渐成为一种热门趋势。

碛口古镇位于吕梁市临县,是山西省风景名胜区,国家 AAAA 级旅游景区(图6-2)。当地的明清古居历史悠久且依地形斜坡状组合排列矗立于黄河边,被誉为"九曲黄河第一镇"。古镇最初为军事重地,后凭借黄河水运成为重要的交通枢纽与商贸重镇,至今仍然保留着原始质朴的居民生活形态,素有"活着的古镇"美誉。碛口旅游资源丰富,有以黄河风情为主的自然景观和以明清建筑为主的人文景观,目前已形成以旅游资源开发为龙头的大发展格局,成为具有较高知名度的传统村落旅游目的地[①]。基于马蜂窝旅游网中网络游记的数据,使用 ROST Content Mining 6.0 软件和网络文本分析法,分析游客对碛口古镇的

---

① 朱鹏亮,李昭阳,邵秀英.传统村落游客感知价值代际差异研究:以碛口为例[J].干旱区资源与环境,2021,35(1):203-208.

感知层次,为碛口古镇旅游开发和发展方向提供借鉴。

图 6-2　碛口古镇景区

一、研究设计

(一)数据收集与处理

在百度搜索引擎中搜索马蜂窝旅游网,在游记栏键入以“碛口旅游”为关键词的字段进行搜索,将搜索出的所有游记(共 300 篇)抓取至计算机作为研究数据来源。抓取的内容尽可能全面,包括游记的标题、发布者、行程安排、出发时间、游记详细内容。筛选的原则为:剔除游记中大量描述其他景点而非碛口古镇沿线旅游的文字;剔除以图片描述为主、文字字数过少的游记;剔除在内容上以科普形式介绍碛口历史而缺乏评价的游记;剔除内容重复的游记,保证每篇游记的唯一性。最终选取 139 篇有效游记,每篇游记的文字数量均在 500 ～ 3 000字,游记中游客旅行出发时间为 2012—2021 年。

(二)研究方法与文本处理

研究采用网络文本分析方法,选用 ROST Content Mining 6.0 软件,对文本文件进行词频分析、语义网络分析和情感分析。文本处理步骤如下:第一,将处理完的数据文件进行文本预处理,删除文件空行、图片以及图片注解文字;第二,将处理完的网络数据整理成扩展名为碛口古镇游记.txt 的文本文件,令其作为 ROST Content Mining 6.0 软件的输入数据,即待处理文件;第三,对文件进行分词处理,得到分词后文本文件;第四,将一些代词和连词如“我们”“这个”“然后""于是"等与游客感知无关的词添加到分词过滤表,使得分词准确,分析有意义;第五,将分词后待统计词频文件通过词频分析生成词频文件;第六,使用社会网络和语义网络功能,提取高频词生成高频词表,过滤无意义词生成过滤后有效词表,提取行特征,进而构建语义网络图,进行可视化分析;第七,采用情感分析工具,得到情感分布视图、分布统计结果以及情感分析详细结果。

二、数据分析

(一)碛口古镇游记词频分析

将游记中游客对碛口古镇旅游的高频特征词按出现的频次由高到低选取与研究主题相关的所有词汇,制成高频词表(表6-5)。从表中可看出,省份名称出现频次大于300的有"山西"和"陕西",市县名称出现频次大于200的有6个名称,分别为"临县""太原""平遥""离石""吕梁"和"延安",这6个市县中,除"延安"隶属于陕西外,其他都隶属于山西省,这充分反映游客选择碛口古镇的旅游偏好与地理位置的关系,大部分游客偏好省内短途旅游。在高频词表中,"碛口""黄河"的出现频次最高,碛口古镇位于黄河之滨,黄河由北而来,湫水从东而至,卧虎山横亘镇北,黑龙庙雄峙河东,山环水抱,阴阳交会,山的气势,河的雄浑,形成了"虎啸黄河,龙吟碛口"的壮丽图景,表明游客的旅游动机主要以领略黄河及黄河沿线山河的磅礴气势为主。碛口古镇旅游景点的前5位高频词汇为"黑龙庙""李家山村""西湾村""黄河画壁"和"卧虎山",这充分说明游客以碛口旅游为主,传统村落是主要的吸引物。与碛口古镇文化相关的前6位高频词汇为"古镇""客栈""建筑""窑洞""历史"和"文化",反映了游客主要通过游览古镇、下榻客栈、观赏沿线的建筑风格(如窑洞)等来了解碛口的历史文化。前10位高频词"码头""明清""戏台""水运""商贸""民国""大同碛""庙宇""当铺""货物"都与碛口历史相关,展现出碛口因黄河大同碛而得名。明清至民国时期,碛口凭借黄河水运一跃成为北方商贸重镇,为东西经济、文化之枢纽,而这些丰富的明清时期建筑,几乎包括了封建制度下民间典型的漕运商贸集镇的全部类型,充分反映了碛口历史的悠久和古镇文化的沉厚。

从解说系统看,"导游"出现的频次比较靠前,充分表明游客对古镇文化的重视与渴求,通过导游讲解深入了解古镇文化的主动意识较强,这是文化旅游思想融合的进步,也是古镇文化传承不可或缺的关键之处。从民居文化来看,碛口客栈是接待游客的主要大型客栈之一,能够体现古镇的古色古香及夜晚的静谧,侧面说明了游客对民宿有很强的感知,游客通过窑洞、砖雕石刻和明清建筑群等建筑感受到古镇历史的印记,了解明清时代碛口人文信息。从工艺品文化来看,由于"手工艺品"实现了市场化,具有独特性、传承性,碛口的传统文化在旅游发展中得到了一定的发展,游客在游览古镇时会采购工艺品以留纪念,但"手工艺品"出现频次靠后,说明购买手工艺品的人数较少,景区宣传手段单一,只通过当地居民自发交易,缺乏文化艺术的感染,游客感受不到独特的古镇情怀。从基础服务设施来看,游客对碛口古镇景区基础设施文化建设感知较明显,表现为"干净""与自然人文文化融为一体,与民居风格具有一致性,且古镇至今还是原始质朴的居民生活形态",但是近距离游览古镇主要通过"步行"的方式进行,有少量的"骆驼"供拍照,少许研学者在古镇"写生",游客参与体验形式单一,不能深层次了解碛口古镇背后的文化内涵,作为传统村落旅游开发尚有缺陷。从饮食文化来看,游客对碛口古镇饮食文化感知一般。游客大多只是从味道和名字了解碛口特色"红枣""碗团""炒恶",不讲究美食的传承性和唯一性、有无与农事及节事结合、是否体现碛口的自然和人文文化,表明碛口古镇对当地特色小吃的宣传力度不够大,不能很好地体现古镇特色美食艺术。从民俗节事文化来看,表中与此相关的只有"供奉"一词,表明游客对碛口古镇民俗节事文化感知极弱,游客接触的民俗节事活动过于少,以至于游客不能通过香火会、伞头秧歌演出、祈愿等形式表达对美好事物的向往和对荣耀的追忆。

表 6-5 碛口古镇网络游记高频词统计

序号	高频词	频次	序号	高频词	频次	序号	高频词	频次
1	碛口	1 594	29	戏台	287	57	游客	242
2	黄河	1 206	30	民居	286	58	淳朴	240
3	古镇	681	31	繁华	286	59	大院	229
4	黑龙庙	634	32	特色	284	60	公路	218
5	明清	584	33	古老	284	61	货物	210
6	李家山村	536	34	纪念碑	278	62	游记	203
7	客栈	521	35	水运	275	63	票号	196
8	西湾村	478	36	交通	270	64	北方	185
9	建筑	472	37	壶口瀑布	270	65	文字	179
10	卧虎山	469	38	商贸	269	66	西北	164
11	窑洞	440	39	住宿	267	67	时期	155
12	临县	400	40	时间	266	68	九曲黄河	152
13	历史	390	41	民国	264	69	传统村落	143
14	太原	360	42	房间	264	70	中国	140
15	文化	348	43	大同碛	264	71	风景	126
16	黄河画廊	345	44	砖雕石刻	264	72	美誉	111
17	码头	343	45	导游	262	73	经济	106
18	商业	342	46	庙宇	257	74	红枣	99
19	店铺	339	47	第一次	255	75	观赏	93
20	山西	321	48	好吃	255	76	修建	85
21	平遥	321	49	拍照	249	77	方便	81
22	陕西	315	50	旅游	249	78	景点	80
23	图片	314	51	当铺	248	79	碗团	75
24	离石	311	52	汽车站	246	80	四和堂	73
25	黄土高原	308	53	延安	244	81	石头	70
26	吕梁	304	54	步行	244	82	写生	68
27	当地	291	55	天数	244	83	河水	66
28	骆驼	291	56	千米	243	84	供奉	64

续表

序号	高频词	频　次	序号	高频词	频　次	序号	高频词	频　次
85	自然	63	91	依山	40	97	神秘	29
86	骡马	56	92	出行	38	98	炒恶	27
87	手工艺品	49	93	景区	38	99	司机	27
88	行程	48	94	干净	35	100	深沉	21
89	鼎盛	43	95	热情	32			
90	安排	42	96	感受	30			

数据来源:根据网络游记文本整理分析而得(截取前100位)。

(二)碛口古镇游记高频词语义网络分析

为挖掘高频词之间的相关指向属性,笔者对碛口古镇游记高频词的特征进行了分析,该分析反映了高频词与游客对碛口古镇旅游感知的直接或间接关系。语义网络分析功能是通过高频词表、行特征词表和共现矩阵词表来实现的,从而构建可视化语义网络(图6-3)。图中用线条指向的密集程度来表示共现频率的高低,线条指向越密集则表示共现次数越多,这可以解释为两个共现词在游客感知中的相关性较强。综合来看,游记文本内容以"碛口""黄河""古镇"为第一中心聚集,也形成了以"明清""建筑""文化""窑洞""临县"和"历史"为第二中心的聚集,同时"明清""古镇"和"建筑"等几个高频词与"文化"也存在较强的关联性。"黄河"与"古镇"具有很强的关联性,古镇因黄河缘起,旅游者在网络游记中正面积极的评价给游客留下较强的感知,黄河周边众多人文旅游景点造就了其深厚的文化底蕴。"黑龙庙""卧虎山""西湾村""李家山"这些高频词与"古镇"有很强的关联性,说明游客对碛口古镇的感知中重点关注了"卧虎山""黑龙庙"及沿线的"西湾村""李家山",由此可知古镇风景与传统村落景色相辅相成,碛口古镇文化与周边传统村落文化一脉相承,成功吸引了游客的关注,这样的效果得益于游记攻略与碛口古镇景区的宣传及黄河沿线的开发。"民居""窑洞""客栈""庙宇""导游"是游客深入挖掘碛口古镇文化的必不可少的媒介。游客通过住宿体验、与当地居民的交流以及和导游的互动，深入了解碛口文化，因此，这些词在游客的感知中占有一席之地。

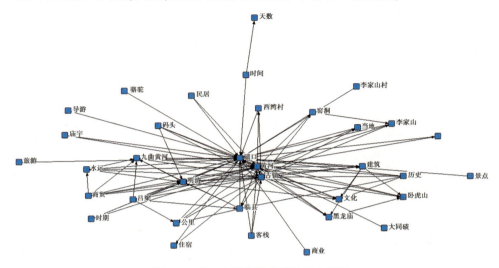

图 6-3　碛口古镇旅游高频词语义网络

（三）碛口古镇游记情感分析

笔者通过 ROST Content Mining 6.0 软件中情感分析功能分析碛口网络游记的 5 864 条网络文本，以更详细地了解游客对碛口古镇旅游的情感评价，分别用积极情绪、中性情绪和消极情绪来表示，见表 6-6。大部分游客对碛口古镇呈积极情绪和中性情绪，少许游客对碛口高度不满，再结合游记分析可以发现，还有部分游客未明确表达他们对碛口古镇的情感倾向，这两者表明，虽然随着传统村落的发展，碛口文化被逐步挖掘，但是游客文化与旅游融合的观念还是没有明显地提升，只是流于走马观花式的观光形式，没有情绪强烈的感知，缺乏民俗节事文化的引导，基础服务设施不到位，游客缺乏体验，因此，游客从消极情绪转化为中性情绪，再逐渐转化为积极情绪的潜在发展空间很大。

表 6-6　游客对碛口古镇感知的情感倾向分析

情感倾向	数量/条	比例/%	分段统计	数量/条	比例/%
积极情绪	2 753	46.95	一般(0~10)	1 500	54.49
			中度(10~20)	720	26.15
			高度(>20)	533	19.36
中性情绪	2 549	43.47	—		
消极情绪	562	9.58	一般(-10~0)	435	77.40
			中度(-20~-10)	85	15.12
			高度(<-20)	42	7.48
总　　计	5 864	100.0	—		

三、结论与建议

在碛口古镇网络游记的基础上,利用网络文本分析方法,通过词频分析、社会与语义网络分析和情感分析功能,从民居感知、工艺品文化感知、基础服务设施感知、饮食文化感知、民俗节事文化感知等角度分析碛口古镇的游客感知。研究的主要结果如下。

①游客对碛口古镇的感知具有偏好性。游客选择碛口古镇作为旅游目的地的偏好和古镇所处的地理位置有关。由于古镇较为偏僻,经济尚不发达,旅游业发展尚不成熟,且旅游基础服务设施较差,因此吸引的游客群体大多来自山西省内或是研学写生的师生,得不到一线城市游客的普遍认可,也就影响游客对碛口古镇的整体感知。

②游客对碛口古镇的感知具有表层性。在过去,碛口凭借黄河成为著名的商贸重镇,各种文化从明清贯通至今,应是家喻户晓,但现阶段,游客对碛口古镇大多仍停留在欣赏黄河沿岸的自然风光、古镇的静谧与独特的建筑风格上,游客记住的只是特色建筑与历史表象,缺乏具体的深层次的对古镇文化的探索。结合对游客群体的观察不难发现,山西省内游客群体已熟知窑洞等建筑特

色,古镇对他们的吸引力会大打折扣,以至于不能充分挖掘古镇所蕴含的民居、饮食和手工艺品文化等。

③游客对碛口古镇文化的感知缺乏体验感。游客通过导游讲解对古镇文化有了概括性的认识,且对古镇整体形象感知较强烈,评价口碑高,但碛口古镇仍存在旅游产品较单一,宣传力度不足,缺乏地区间区域合作及与其他传统村落的交流,民俗节事举办活动少,非物质文化遗产伞头秧歌演出极少等问题,使游客缺少在碛口古镇旅游的文化体验,游客对碛口古镇景区的感知积极性有待提升。

碛口古镇游客主要关注"黄河""建筑""历史"等方面,而对古镇所蕴含的文化内涵知之甚少,民风民俗更是鲜有涉及,针对目前面临的问题,提出以下建议。

①响应政府号召,进一步完善文物修缮管理、景区体制机制改革、旅游宣传、旅游市场综合治理、旅游产业发展等方面的体制与措施,发展古镇经济,弘扬古镇文化。

②挖掘古镇文化内涵,重塑"黄河人家""商贸重镇"的旅游形象,同时要加强对传统建筑的保护,恢复传统民居、庙宇、院落等建筑形态以及货栈、当铺等商业建筑形态与结构,在保护古镇资源的情况下,加强碛口古镇景区的基础设施建设,减弱现代化公路与大桥的建筑元素与大交通网络,增强碛口与黄河的联系,尽可能还原昔日"水旱码头"的繁华盛景。

③基于古镇文化底蕴,拓展更多旅游发展模式,如研学科考基地、学生冬夏令营基地、写生教育基地、摄影基地、艺术家小镇等,建设生态博物馆,增强当地居民的文化认同感与自豪感,培育居民自主发展有区域特色的文化生态产业的自觉性。

④改进特色美食和旅游产品的开发和宣传方式,加大深加工力度,做到统一规划和市场监管,从而将资源优势有效转化为经济优势,促进当地特色小吃的守正与创新。

⑤根据祭祀时节和节日节气组织活动,规划古镇的旅游节点,活跃民风民俗,开发和推广伞头秧歌、九曲黄河灯游会等具有浓郁地方气息、游客参与性强的民俗活动,同时,开发特色旅游商品,如手工制作的木偶玩具,开发地方特色剪纸、柳编、草编、柳筐、石磨等传统工艺。

第三节 皇城相府景区游客满意度评价

在城市化背景以及"回归自然""返璞归真"的文化浪潮引导下,原生态传统村落旅游成为一种新兴旅游业态,传统村落景区随之越来越多,如何创建令游客满意的传统村落景区,就显得非常重要。皇城相府景区位于阳城县皇城村,国家 AAAAA 级生态文化旅游区(图6-4)。皇城村是一代名相陈廷敬故里,枕山临水,依山而筑,由内城和外城两部分构成,占地面积 10 万平方米,是一座规模宏大、保护完好、将官宦宅第、文人故里和沁河民居完美结合的传统村落建筑,内还藏有很多康熙皇帝亲赐御书匾额、楹联和碑文手迹等极其珍贵的历史文物。皇城村利用煤炭产业资金支持,积极发展旅游业,实现了全村产业调整,旅游业成为支柱产业,与此同时,借助《康熙王朝》等多部影视剧打造皇城相府旅游品牌,先后被评为中国历史文化名村、全国农业旅游示范点。

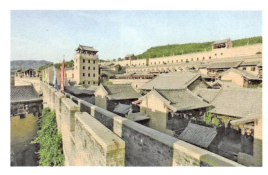 

图6-4 皇城相府景区

一、研究方法与数据来源

（一）研究方法

首先通过网络文本分析收集资料，结合德尔菲法构建评价指标体系，然后通过层次分析法计算各级指标权重，在此基础上运用模糊评价法构建游客满意度评判矩阵，计算各级指标的游客满意度得分。最后，根据指标层的重要性满意度建立 IPA 象限图，比较游客对皇城相府景区的期望和景区的实际表现，分析皇城相府景区的优势与不足。

模糊评价法以模糊数学为基础，运用模糊关系合成原理，将难以定量的因素定量化，对被评价事物隶属等级状态进行综合评价。评价步骤：

①确定评价指标集 $U = \{U_1, U_2, \cdots, U_m\}$（$m$ 为评价指标数量），评价集 $V = \{V_1, V_2, \cdots, V_n\}$（$n$ 为评价等级数量）。

②确定各指标权重 w，则各维度指标权重集合 $W = (w_1, w_2, \cdots, w_m)$，$\sum_{i=1}^{m} w_i = 1$。

③构建评价指标模糊关系矩阵 $R_i = (r_{ij})$，$i = 1, 2, \cdots, m$，$j = 1, 2, \cdots, n$，$\sum_{j=1}^{n} r_{ij} = 1$。

$$R = \begin{Bmatrix} r_{11} & r_{12} & \cdots & r_{1n} \\ r_{21} & r_{22} & \cdots & r_{2n} \\ \cdots & \cdots & \cdots & \cdots \\ r_{m1} & r_{m2} & \cdots & r_{mn} \end{Bmatrix}$$

④计算模糊综合评价集 $B = W \times R = (b_1, b_2, \cdots, b_n)$ （1）

⑤对评价集 B 去模糊计算，则各指标评价值 $E = B \times H$（H 为评价集 V 各等级对应分值）   （2）

（二）数据来源

研究主要采用网络文本分析法收集资料，携程网是我国知名旅游网站，拥有丰富的点评资料,皇城相府景区在携程网的游客点评数量是所有旅游网站评论中最多的。笔者做预测性研究时,对携程网进行了网页浏览和游客评论试分析,携程网的点评均来自在景区真实旅游过的游客,文字评论真实反映游客对皇城相府景区的感知,且发表时间主要集中于 2015 年以后,可获取的游客评论能够满足研究皇城相府景区的资料要求:真实、客观、数量多、时间跨度小。因此选取 2017 年 1 月 1 日至 2020 年 2 月 1 日携程网的游客评论作为样本,剔除无意义和仅对景区客观描述的评论,同一账号同一时间发表的评论只计一条,最终选取了 1 204 条评论。

二、结果与分析

(一)指标体系构建

将游客评论复制到 word 文档内,另存为 txt 文档作为分析文本,利用 ROST 软件进行词频统计选取高频词,并结合传统村落景区特点对高频词进行归类整理,再在参考相关研究成果基础上,提取了传统村落景区游客满意度相关评价指标 31 项。然后邀请旅游学、地理学、历史学、建筑学等相关背景专家采用德尔菲法,结合传统村落景区旅游发展情况,最终确立了 5 个准则层,20 个指标层(表 6-7)。

表 6-7 传统村落景区游客满意度评价指标体系

目标层	准则层	权重	指标层	权重	组合权重
传统村落景区游客满意度(U)	旅游资源与旅游产品(U_1)	0.412	保存完整性与原真性(U_{11})	0.242	0.100
			历史文化价值(U_{12})	0.381	0.157
			建筑美学价值(U_{13})	0.176	0.073
			观赏价值(U_{14})	0.121	0.050
			娱乐项目丰富性与趣味性(U_{15})	0.080	0.033
	旅游设施(U_2)	0.169	外部交通(U_{21})	0.385	0.065
			停车场(U_{22})	0.229	0.039

续表

目标层	准则层	权重	指标层	权重	组合权重
传统村落景区游客满意度（U）	旅游设施（U_2）	0.169	食宿设施（U_{23}）	0.165	0.028
			解说标识（U_{24}）	0.095	0.016
			环卫公共设施（U_{25}）	0.127	0.021
	景区管理（U_3）	0.236	景区入口进入方便性（U_{31}）	0.198	0.047
			旅游秩序（U_{32}）	0.490	0.116
			环境氛围（U_{33}）	0.312	0.074
	景区价格（U_4）	0.072	门票价格（U_{41}）	0.455	0.033
			食宿价格（U_{42}）	0.263	0.019
			商品价格（U_{43}）	0.141	0.010
			导游价格（U_{44}）	0.141	0.010
	旅游服务（U_5）	0.111	服务细节（U_{51}）	0.164	0.018
			服务质量（U_{52}）	0.297	0.033
			服务态度（U_{53}）	0.539	0.060

各指标采用李克特五级量表评价,5—1分别表示"非常满意,较满意,一般满意,较不满意,非常不满意",具体评判由3名评判员(其中1名为主评判员)通过分析游客评论内容给出,若3名评判员对各条评论给出的评价结果一致,则结果通过;若2名评判员(包括主评判员)评价结果一致,结果通过;若2名评判员(不包括主评判员)评价结果一致,或3名评判员评价结果均不一致,则重新评价,以二次评价2名以上评判员通过为准,若二次评价结果仍通不过,则以主评判员评价结果为准。网络文本最终评价结果见表6-8。

表6-8　皇城相府景区游客满意度网络文本分析数据汇总（评论次数）

指　标	非常满意	较满意	一般满意	较不满意	非常不满意
历史文化价值	86	54	0	1	0
保存完整性与原真性	36	20	0	3	0
观赏价值	292	483	26	9	8

续表

指　　标	非常满意	较满意	一般满意	较不满意	非常不满意
娱乐项目丰富性与趣味性	42	30	1	1	2
建筑美学价值	50	26	0	0	0
外部交通便捷性	5	14	0	8	0
停车场	2	11	0	7	3
食宿设施	4	9	2	5	5
解说标识	0	1	1	9	2
环卫公共设施	2	0	0	3	1
景区入口进入方便性	74	57	0	8	3
旅游秩序	1	6	1	7	10
环境氛围	7	15	2	4	3
门票价格	0	1	2	34	20
食宿价格	0	8	0	6	1
商品价格	0	1	0	0	0
导游价格	0	1	0	2	0
服务细节	3	2	1	0	0
服务质量	15	10	1	8	5
服务态度	23	13	2	3	3

（二）权重的确定

根据所建立的传统村落景区游客满意度评价指标体系构造判断矩阵,邀请专家学者进行指标赋值,并综合分析游客评论,得到判断矩阵,利用和积法计算各指标权重,再用每个指标层权重与其隶属的准则层权重相乘,得到该指标层组合权重,即指标层对目标层的权重(组合权重之和为1)(表6-7),且总排序一致性检验 $CR = 0.032\ 7 < 0.1$,总排序结果符合一致性要求。

（三）游客满意度模糊综合评价

首先确定游客满意度评价指标集 $U = (U_i)(i = 1,2,3,4,5$,分别代表5个准则层），下一级指标由 U_{ij} 构成，评价集 V={非常满意,较满意,一般满意,较不满意,非常不满意}，模糊关系矩阵 $R_i=(r_{ij})$。根据表6-8中数据可得出每个指标 U_{ij} 隶属于评价集 V 的评价次数占总评价次数的比例，即 r_{ij}，然后利用模糊综合评价得出准则层游客满意度模糊关系矩阵：

$$R_1 = \begin{Bmatrix} 0.610 & 0.383 & 0.000 & 0.007 & 0.000 \\ 0.610 & 0.339 & 0.000 & 0.051 & 0.000 \\ 0.357 & 0.590 & 0.032 & 0.011 & 0.010 \\ 0.553 & 0.395 & 0.013 & 0.013 & 0.026 \\ 0.658 & 0.342 & 0.000 & 0.000 & 0.000 \end{Bmatrix}$$

$$R_2 = \begin{Bmatrix} 0.185 & 0.519 & 0.000 & 0.296 & 0.000 \\ 0.087 & 0.478 & 0.000 & 0.304 & 0.130 \\ 0.160 & 0.360 & 0.080 & 0.200 & 0.200 \\ 0.000 & 0.077 & 0.077 & 0.692 & 0.154 \\ 0.333 & 0.000 & 0.000 & 0.500 & 0.167 \end{Bmatrix}$$

$$R_3 = \begin{Bmatrix} 0.521 & 0.401 & 0.000 & 0.056 & 0.021 \\ 0.040 & 0.240 & 0.040 & 0.280 & 0.400 \\ 0.226 & 0.484 & 0.065 & 0.129 & 0.097 \end{Bmatrix}$$

$$R_4 = \begin{Bmatrix} 0.000 & 0.018 & 0.035 & 0.596 & 0.351 \\ 0.000 & 0.533 & 0.000 & 0.400 & 0.067 \\ 0.000 & 1.000 & 0.000 & 0.000 & 0.000 \\ 0.000 & 0.333 & 0.000 & 0.667 & 0.000 \end{Bmatrix}$$

$$R_5 = \begin{Bmatrix} 0.500 & 0.333 & 0.167 & 0.000 & 0.000 \\ 0.385 & 0.256 & 0.026 & 0.205 & 0.128 \\ 0.523 & 0.295 & 0.045 & 0.068 & 0.068 \end{Bmatrix}$$

利用公式（1）和 $M(\cdot,\oplus)$ 模型,计算准则层模糊综合评价集 B 及最终评价集 A：

$$B_1 = W_1 \times R_1 = (0.562, 0.401, 0.007, 0.025, 0.005)$$

$$B_2 = W_2 \times R_2 = (0.160, 0.376, 0.021, 0.346, 0.099)$$

$$B_3 = W_3 \times R_3 = (0.193, 0.348, 0.040, 0.189, 0.230)$$

$$B_4 = W_4 \times R_4 = (0.000, 0.336, 0.016, 0.471, 0.177)$$

$$B_5 = W_5 \times R_5 = (0.478, 0.290, 0.059, 0.098, 0.075)$$

$$A = W \times B = (0.357, 0.367, 0.024, 0.158, 0.094)$$

$$(W \text{ 为准则层权重集}, B = \begin{Bmatrix} B_1 \\ B_2 \\ \cdots \\ B_5 \end{Bmatrix})$$

利用公式(2)对准则层评价集及最终评价集去模糊化,分别得到准则层各指标的评价值及皇城相府景区游客满意度的综合评价值 E:

$$E_1 = 5b_{11} + 4b_{12} + 3b_{13} + 2b_{14} + b_{15} = 4.491$$

$$E_2 = 5b_{21} + 4b_{22} + 3b_{23} + 2b_{24} + b_{25} = 3.155$$

$$E_3 = 5b_{31} + 4b_{32} + 3b_{33} + 2b_{34} + b_{35} = 3.085$$

$$E_4 = 5b_{41} + 4b_{42} + 3b_{43} + 2b_{44} + b_{45} = 2.511$$

$$E_5 = 5b_{51} + 4b_{52} + 3b_{53} + 2b_{54} + b_{55} = 3.999$$

$$E = 5 \times 0.357 + 4 \times 0.367 + 3 \times 0.024 + 2 \times 0.158 + 0.094 = 3.735$$

皇城相府景区游客满意度综合得分3.735分,介于一般满意和较满意之间。旅游资源游客满意度得分最高,介于较满意和非常满意之间,说明皇城相府景区优势在于其独特的旅游资源,尤其是旅游资源保存完整性与原真性(U_{11})、历史文化价值(U_{12})和娱乐项目丰富性与趣味性(U_{15})3项指标的满意度均达到4.5分以上(图6-5),游客评价多用"历史文化底蕴深厚、保存完好、进前表演很有意思,大门口演出精彩绝伦"等字眼。旅游服务满意度得分3.999分,超过游客满意度综合得分,接近较满意,说明皇城相府景区的旅游服务较能满足游客需求,尤其是服务细节(U_{51})和服务态度(U_{53})得分均在4分以上,而服务质量

(U_{52})得分则较低(3.564分),处于一般满意等级,原因主要在于导游的讲解质量,尤其是实习导游讲解一般。游客评价"一个实习导游80元,小导游太差了,口齿不清,语速飞快,连陈廷敬的父亲是谁都不知道,还有一系列错误"。随着游客越来越重视旅游体验,旅游服务成为提升游客满意度的重要因素,因此皇城相府景区旅游服务仍需继续改善。旅游设施(3.155分)和景区管理(3.085分)满意度分值低于满意度综合得分,皇城相府景区在这两方面还存在较大问题。旅游设施方面的问题主要反映在导览图较少、电子解说讲解不到位、公共休息设施较少、卫生间排队时间长、停车场离景区较远等方面。景区管理方面,景区入口进入方便性(U_{31})得分较高(4.345分),游客对网上购买门票,现场不用取票,直接凭身份证进入的方便性非常满意,问题主要在于旅游秩序(U_{32})得分偏低(2.240分),游客评价景区内人太多,只看到人头,什么也看不到,以及景区周边环境较乱等。景区价格满意度得分偏低,尚未达到一般满意。游客主要对门票价格(U_{41})较不满意(1.719分),都是用"门票过高""太贵""偏高"等来评价,表明游客对皇城相府景区的性价比较不满意。指标层游客满意度如图6-5所示。

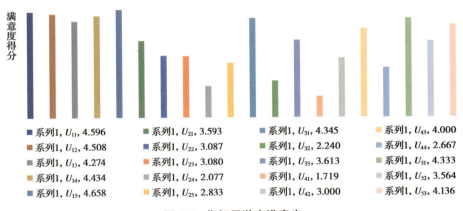

满意度得分

■ 系列1, U_{11}, 4.596　　　■ 系列1, U_{21}, 3.593　　　■ 系列1, U_{31}, 4.345　　　■ 系列1, U_{43}, 4.000
■ 系列1, U_{12}, 4.508　　　■ 系列1, U_{22}, 3.087　　　■ 系列1, U_{32}, 2.240　　　■ 系列1, U_{44}, 2.667
■ 系列1, U_{13}, 4.274　　　■ 系列1, U_{23}, 3.080　　　■ 系列1, U_{33}, 3.613　　　■ 系列1, U_{51}, 4.333
■ 系列1, U_{14}, 4.434　　　■ 系列1, U_{24}, 2.077　　　■ 系列1, U_{41}, 1.719　　　■ 系列1, U_{52}, 3.564
■ 系列1, U_{15}, 4.658　　　■ 系列1, U_{25}, 2.833　　　■ 系列1, U_{42}, 3.000　　　■ 系列1, U_{53}, 4.136

图6-5　指标层游客满意度

(四)游客满意度 IPA 分析

IPA分析,即重要性-表现程度分析,通过比较不同服务不同维度的重要度和服务表现,帮助决策者识别服务中的优劣势。将皇城相府各指标组合权重总平均值 0.050,游客满意度总平均值 3.538,分别作为横轴(重要性)和纵轴(满意度)的分割点,将 20 个指标分为 4 个象限进行重要性和满意度测评(图 6-6)。第 I 象限为高重要性高满意度区,包含保存完整性与原真性(U_{11})、历史文化价值(U_{12})、建筑美学价值(U_{13})、观赏价值(U_{14})、外部交通(U_{21})、环境氛围(U_{33})、服务态度(U_{53})7 个指标,尤其是旅游资源保存完整性与原真性和历史文化价值最为突出,这表明皇城相府景区原真性保护完好,文化底蕴深厚,极受游客认可;另外,外部交通便利,可进入性高;景区内营造的环境氛围极佳,工作人员服务态度得到游客认可。这一区域属于继续保持区,景区应继续加强历史遗迹与文物保护,深挖并以不同形式呈现历史文化价值,加强环境氛围的营造。

第 II 象限为低重要性高满意度区,属于供给过度区。娱乐项目丰富性与趣味性(U_{15})、景区入口进入方便性(U_{31})、商品价格(U_{43})、服务细节(U_{51})和服务质量(U_{52})位于这一象限。皇城相府景区在这几方面投入了足够精力,游客体验值超出了期望值,尤其是在门票购买及景区入口进入的方便性方面,表现突出。但因游客对这些指标的感知重要性较低,因此景区只需继续保持即可,不需再过多关注。

第 III 象限为低重要性低满意度区,包含停车场(U_{22})、食宿设施(U_{23})、解说标识(U_{24})、环卫公共设施(U_{25})、门票价格(U_{41})、食宿价格(U_{42})和导游价格(U_{44})7 个指标。游客对这几个指标满意度较低,尤其是门票价格过高引起游客不满。这一区域属于后续改进区,景区后续应规范停车场,旺季在距离较远的停车场和景区入口之间增加免费车辆接送游客;增加景区内标识牌,完善智慧解说系统,增加公共休息设施,合理调整餐饮、住宿、门票等旅游价格,也可通过丰富景区旅游产品、美化消费环境等方式提升游客消费满意度。

第 IV 象限为高重要性低满意度区,属于急需改进区。对游客来说,旅游秩序(U_{32})较重要,但满意度却较低,说明皇城相府景区没有足够重视,但它又是游客满意度提升的重要因素,因此应重点关注,合理控制景区游客容量,做好公示,营造景区内外良好的环境秩序。

重要性–满意度 IPA 象限如图 6-6 所示

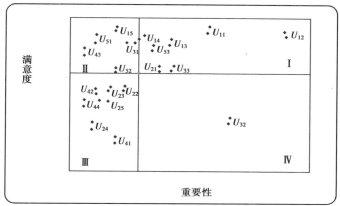

图 6-6　重要性–满意度 IPA 象限图

三、结论

①通过模糊综合评价法得出皇城相府景区总体满意度处于一般满意等级，还有很大提升空间。准则层中，游客对旅游资源的满意度最高，达到较满意等级；对旅游设施、景区管理和旅游服务一般满意；对景区价格满意度最低，处于较不满意等级。指标层中，游客对旅游资源保存完整性与原真性、历史文化价值、建筑美学价值、观赏价值、娱乐项目丰富性与趣味性、服务态度等因素较满意；对门票价格非常不满意，景区可适当降低门票价格，取消捆绑销售，并通过改善景区外餐饮设施，提升餐饮质量，增加文创旅游商品，适当增加娱乐演艺活动表演场次，不断挖掘景区特色、优势，增强游客体验感，延长游客停留时间等方式提升游客消费满意度。

②IPA 象限图表明，优质旅游资源是皇城相府景区的最大优势，另外，游客对景区环境氛围、外部交通和服务态度认可度也较高；需后续改进的主要集中于旅游设施和景区价格方面；旅游秩序是急需改进的方面，也是游客满意度提升的重要因素，因此应重点关注，严格执行旅游地环境容量标准，营造景区内外良好环境秩序，规范景区内商品售卖行为，适当控制商贩摊点数量，避免景区过度商业化而降低游客满意度。

7

三大旅游板块传统村落旅游发展与
振兴的措施与政策保障

第一节　传统村落旅游发展与振兴的措施

三大旅游板块传统村落旅游发展起步较早,但发展程度层次不一,且由于传统村落形成背景、开发条件的不同,旅游发展面临着过度开发与自然衰落并存,旅游开发模式单一,千村一面等问题,不仅与遗产保护发展目标相悖,而且丰富多彩的传统村落遗产资源没能得到有效利用。三大旅游板块传统村落空间和景观分异明显,每个传统村落的景观元素,无论是聚落选址、街区规划、院落布局、建筑构造、村落风貌、装饰技巧,还是民俗风情,均显示了鲜明的地域个性,为开发设计个性化产品提供了条件。

一、因地制宜选择多样化发展模式

三大旅游板块传统村落地域分异明显,旅游开发应根据自身特色,确立目标市场,在大众观光旅游基础上,将文化创意、休闲体验元素植入,培育休闲度假、乡村旅游、研学旅游、文化旅游等新型业态,创新传统村落旅游可持续发展模式,增强旅游吸引力,使历史文化内涵雅之俗化,让无形的文化内涵以有形的文化形式展示出来,提升旅游魅力。

(一)大众观光旅游模式

早期的传统村落旅游主要依赖传统村落特有的原生态环境和传统文化,追求传统村落遗产文化本身的价值,旅游发展定位为原生态景观和文化的观赏。传统村落观光旅游模式的特点是以其原始建筑景观和人文风貌为核心吸引物,村落建筑景观、博物馆、名人故居以及传统民俗表演是构成传统村落旅游的主要产品,产品结构单一,旅游项目以静态观赏为主。大众观光旅游模式适用于遗产要素丰富、村落景观独特且整体保护完好、交通区位条件好的传统村落。三大旅游板块传统村落目前已经开发的景区多具有这种模式特点。由于该模式的目标客源市场定位为大众旅游市场,传统村落景区化明显,六大旅游要素中除了游之外,其余的吃、住、行、娱、购五大要素均不能满足大众游客的需要,游客消费结构单一,景区停留时间短,"门票经济"现象突出,旅游收入结构畸形。所以,传统村落景区旅游可持续发展需要不断完善旅游要素,规避传统村落旅游过度景区化和遗产商用化倾向。

(二)休闲度假旅游模式

进入 21 世纪后,传统村落旅游与文化、商业结合,传统村落景区中逐渐注入了餐饮、住宿、娱乐等旅游休闲项目,加之传统村落原生态的聚落环境和文化氛围,对追求返璞归真的现代游客产生了巨大吸引力,传统村落旅游的休闲度假模式应运而生。该模式的突出特点是景区吃、住、行、游、购、娱等旅游要素较为齐全,休闲度假功能得到强化,且较一般休闲度假景区注入了更多的原生态、传统文化元素,但随着传统村落旅游的不断发展,大量异地商人、异地文化涌入传统村落,传统村落遗产原真性魅力逐渐消失,许多传统村落在旅游过程中村落社区功能异化或消失。皇城相府、大阳古镇等综合型成熟旅游景区属于该种模式,该种模式要可持续发展,一要通过休闲度假项目创新,维护景区已有知名度或品牌;二要遵循在保护中发展、在发展中保护的原则,处理好传统村落旅游与遗产之间的关系,规避传统村落旅游过度商业化、遗产资源商品化、原住民利益边缘化、传统村落旅游地泛化、旅游产品同质化等问题,三大旅游板块传统村落休闲度假旅游景区见表 7-1。

表 7-1　三大旅游板块传统村落休闲度假旅游景区

传统村落	景区名称	餐饮住宿	演艺项目	展　馆	其　他
皇城村	皇城相府生态文化旅游区	明清文化商业街、相府宾馆(三星)、贵宾楼(四星)、相府庄园(五星)	迎圣驾、八音会、编钟乐舞、天朝国风、再回相府	中华字典博物馆、国家非物质文化遗产犁镜展览馆、陈廷敬纪念馆	皇城相府国际旅行社

续表

传统村落	景区名称	餐饮住宿	演艺项目	展　馆	其　他
大阳镇东街村、西街村、一分街村、四分街村	大阳古镇景区	古镇商业街、青年旅舍、民宿	打铁花、祭火大典、燕飞凤舞		
西湾村、李家山村	碛口古镇景区	明清老街、民宿、窑洞民居	如梦碛口	古兵器博物馆	

(三)生活体验旅游模式

近年来,随着旅游市场个性化、体验性消费需求逐渐发育,传统村落旅游开始关注与文化和创意的有机融合、协调发展,传统村落旅游中,文化、艺术、创意等元素被逐渐介入,休闲体验、创意文化等新业态、新项目不断出现,接近原生态、传统文化生活的体验旅游模式开始出现。传统村落旅游发展的这种模式,将原生态保护与现代文化、艺术元素植入相结合,充分展示和发挥自身独特气质和传统生活方式,吸引文化企业、文艺爱好者进驻和参与开发,吸引当代文化旅游者、文艺爱好者到访或居住,共同参与传统村落的保护与发展,人与自然和谐共生,传统生活方式和居住形态得以保留,游客从中得到真实的传统村落遗产文化体验。该模式大大提升了传统村落遗产魅力和村落文化传承发展的生命力,为传统村落保护与旅游可持续发展提供了广阔前景。该模式不要求景区规模太大或旅游设施现代化,但追求精致、个性、体验和品味。三大板块传统村落具有鲜明的地域特色,非物质文化遗产丰富多彩,这些历经岁月沧桑保存、流传下来的,反映着地域特色历史文化传统和文化变迁的非物质文化遗产具有重要的旅游价值,且内涵广泛,表现形式多样化,将其植入传统村落景区,有利于传统村落休闲、体验旅游的发展。将传统村落遗产旅游与乡村旅游、文化创意、科考研学等有机组合,打造醋吧、酒坊、剪纸村、编制村、艺术村、面塑吧、雕刻村、写生基地、摄影村、皮影文化产业村(园)、秧歌文化产业村(园)、景观镇、文化村等具有鲜活个性和生活体验特征的传统村落旅游地。

二、鼓励多元化旅游开发经营主体模式

传统村落旅游开发和管理多元化是现阶段我国传统村落旅游可持续发展的重要途径。每一种模式都有其合理性,每一种模式都存在着诸多劣势,国内外遗产旅游发展的经验说明,每一种开发主体下的传统村落旅游开发,都是传统村落旅游利益主体的重要构成部分。按照公共管理理论,在传统村落旅游发展过程中,缺失任何一个利益主体的传统村落旅游开发都是不健全的,关键在于各利益主体间的分工与协调。选择哪一种开发主体应该视传统村落旅游地自然社会经济状况而定,即因地制宜选择开发主体,并在传统村落旅游保护与发展中不断修正、调整,这更符合传统村落旅游的科学发展。传统村落旅游开发经营主体模式,是在传统村落旅游发展过程中不断探索、创新和发展的。

鉴于外源式和内生式旅游开发模式的特点和国内案例,结合三大旅游板块传统村落旅游地发展的现状与条件,积极探索政府主导、社区自主、企业租赁以及多元叠加等不同传统村落遗产旅游开发经营主体。

(一)以政府为主体的旅游开发模式

该模式以碛口古镇为代表。政府主导下的传统村落保护和旅游开发,有效地解决了传统村落旅游开发中相关利益体的利益诉求协调问题,坚持慎重开发以遗产保护为前提的旅游,较好地规避旅游过度开发,传统村落遗产的原真性基本得到保护,传统村落基础设施和人居环境得到改善,较大地体现了原住民利益表达。要积极发挥市场作用,规避政府权力寻租,实现传统村落旅游的可持续发展。该模式主要适用于村落遗产丰厚,经济相对落后,旅游发展起步晚的传统村落,如黄河沿岸传统村落群,以及一些旅游刚刚起步的传统村落,如旧广武村、落阵营村等。

(二)社区自主经营的旅游发展模式

该模式以皇城村为代表。以村委及其成立的公司为主体的旅游经营属于

典型的"内生式"发展模式。这种模式较好地解决了传统村落旅游经营权和遗产资源所有权的统一，旅游开发中的产权纠纷得到较好规避；经营者与产权所有者一体，社区原住民利益基本一致，充分考虑了社区及其原住民的利益诉求，村落社区得到较好发展，村民生活水平提升；市场化运作使旅游经济发展迅速，皇城相府旅游景区成为山西省第三个 AAAAA 级景区。但皇城村旅游景区化、遗产商业化的问题明显，需要在旅游发展中加强传统村落的原真性保护和文化传承。该模式主要适用于村落遗产遗存多、社区经济基础好或者有相关产业支撑的村落，如分布在太行旅游板块南段的传统村落。

（三）企业租赁开发传统村落旅游的模式

该模式是典型的外源式开发，以后沟古村和张壁村等为代表。该模式的优势在于企业租赁市场化经营，有较为充足的资金，为传统村落保护和旅游开发提供了保障。但由于传统村落是生活着的村落，产权归属多元，企业租赁经营过程中，经营权与所有权分离，极易造成开发者与所有者之间的矛盾。社区及其原住民利益往往边缘化，从而为传统村落旅游可持续发展带来障碍。由于大多数传统村落偏离区域经济发达地区或者远离交通要道，传统农业是主要产业，经济发展相对落后，交通等基础设施薄弱，传统村落保护与旅游开发中普遍面临资金不足的问题。许多传统村落具有优良的原生态人居环境，丰富的物质和非物质文化遗产资源，旅游吸引力强，却因为资金不足而无法实现旅游业的发展。依靠企业租赁、合作等经营模式，有利于传统村落遗产的保护和旅游产业的发展。山西煤炭资源型企业转型和山西转型综合改革示范区的实施，为传统村落遗产旅游发展的企业模式提供了机遇。

三、加强传统村落旅游与乡村旅游的有机融合

乡村旅游是以乡村人居环境、民俗文化、田园风光、农业生产及其土特产品为依托而产生的旅游观光、休闲度假、参与体验活动。我国乡村旅游大发展开

始于本世纪,返璞归真、休闲体验的旅游消费需求,加之广大农村丰富多彩的农业生态环境和民俗文化,对旅游者产生了极大吸引力。乡村旅游既包括现代农业生产生活方式,如科技农业、花卉、大棚等设施农业和新农村,也包括传统文化遗存丰厚的传统村落。三大旅游板块乡村旅游的观光点就包括大寨村、皇城村等一批传统村落,虽然传统村落旅游不属于现代乡村旅游,但将乡村旅游元素(如田园风光展示、农史农具博览、农村生活体验、特色民俗等)植入传统村落旅游景区,与传统村落格局、街巷景观和三大旅游板块的原生建筑、生存景观等有机融合,合理开发有序利用,因地制宜,错位发展,会极大地丰富三大旅游板块传统村落旅游内涵。

四、突出重点,分类引导,建设特色传统村落旅游地

三大旅游板块传统村落景观地域性鲜明,是旅游差异化发展的基础。目前,三大旅游板块传统村落旅游开发利用的现状水平、发展阶段及其面临的任务和困境有所不同,选择有条件的传统村落,在进行整体保护的同时,开展旅游发展模式及其相应的制度保障与政策措施的重点开发,对三大旅游板块传统村落旅游发展实施分类指导,因地制宜。将三大旅游板块传统村落划分为优先旅游发展、重点保护区、抢救式保护区以及博物馆式保护与旅游开发。对于优先旅游发展的传统村落,给予纯旅游发展(景区化)、旅游与相关产业发展(文化产业园区)、保护式旅游发展(博物馆式)等分类指导,避免一哄而上,规避"公地悲剧"现象。对于皇城村、娘子关村、大寨村等成熟型旅游地,打造成全国一流、世界知名的传统村落旅游目的地;对于新平堡村、大汖村等较为成熟的村落,积极开展旅游地的环境和品牌建设,形成 A 级旅游景区;对于其他有旅游发展潜力的村落,根据自身资源特色和区位条件,积极开展旅游发展规划、产品营销策划工作,引导发展大众观光旅游、特色文化体验旅游、大中学生社会实践修学旅游、摄影写生等专业性旅游。

三大旅游板块可打造的特色传统村落旅游地见表 7-2。

表 7-2　三大旅游板块可打造的特色传统村落旅游地

类　　型	传统村落	建设重点
综合性知名旅游目的地	皇城村、娘子关村、西厢村	打造 AAAA 级以上景区； 创新遗产旅游产品
摄影、写生等专业旅游	西湾村、大宋村	优化旅游环境； 培育特色旅游市场
特色文化体验旅游	王家峪村、大寨村、砖壁村	挖掘资源特色； 培育文化旅游产品
特色生态农业观光	湘峪村、郭峪村、窦庄村	结合乡村旅游； 培育体验旅游氛围
文化创意产业旅游	李家山村、阎景村、德胜堡村	建设文化旅游园区； 培育新型业态
博物馆式旅游	西文兴村、小河村	创新旅游产品； 开辟旅游市场

五、积极推进成熟景区的品质建设

三大旅游板块传统村落景区特点各异,但经过多年发展,旅游设施和接待能力不断提升,在三大旅游板块传统村落旅游建设中具有一定的示范意义。这类景区发展的重点是提升景区品质,创新旅游发展模式,选择皇城村、碛口古镇、大宋村、大阳古镇、西厢村、阎景村等具有一定旅游发展基础的村落,积极探索传统村落旅游地景区与社区兼容的传统村落旅游发展模式,协调传统村落遗产保护、文化传承与旅游发展的关系,遗产利用、旅游开发与村落社区发展的关系,旅游发展中游客满意与社区居民受益的关系,探索传统村落旅游可持续发展遗产保护、旅游开发与社区良性演进共赢的示范。

六、与三大旅游板块主题定位一致，因地制宜，实施差异化发展

传统村落旅游是建立在其丰富的物质和非物质文化遗产资源的原真性和聚落环境的原生态性的基础上的，因此，将传统村落嵌入三大旅游板块的整体战略部署中，使其旅游项目培育、产品创新依托三大板块的主题定位因地制宜，将文化传承与旅游发展有机结合，更好地打造出多元化布局、差异化发展的传统村落，从而实现聚落的活化与转型。

(一)黄河旅游板块：踏访黄河，探源文明

针对三大旅游板块主题定位及各自独有的传统村落资源禀赋，黄河旅游板块传统村落旅游发展应充分挖掘黄河的根祖、民俗、水运等深厚的文化底蕴，凝聚黄河情、民族魂的黄河精神，开发有地方特色的黄河风情游，以度假、康体为主题的休闲游以及修学、科考、摄影等专业旅游项目。

重点选择资源条件好、市场认知度高的西湾村、老牛湾村、西厢村等村落，打造看得见乡景、体验得到乡情、听得到乡音、感受得到乡愁的文旅小镇；将李家山村、西湾村建设为艺术村、影视基地；选择云丘山等 A 级景区，带动周边传统村落旅游开发利用，形成景区依托型传统村落旅游目的地；重点打造老牛湾村等传统村落 A 级景区，提升传统村落的知名度，以老牛湾景区为龙头，打造晋蒙黄河峡谷风情游和边塞长城军堡游等组合的百里黄河边塞风情旅游线；将碛口古镇、李家山村、西湾村等整体打造为 AAAAA 级景区。

面向有钱有时间的都市休闲、小众高端市场，以及"90 后""00 后"年轻时尚客群市场，充分挖掘各段传统村落景观文化，讲述黄河故事，培育传统村落乡居、慢城、康养、文旅等形式多样的慢生活旅游地，打造传统村落文创体验吧、农作体验馆、非遗作坊等既"高大上"又接地气(农味、土味、文味)的旅游产品，提升多彩黄河显示度，促进传统村落旅游集群发展。

(二)长城旅游板块：跨越长城，边塞古风

长城旅游板块传统村落应挖掘长城的边塞、军事等文化，凝结民族融合的

边塞风情,重点开发以民宿为主,兼具餐饮、住宿、民俗体验、演艺表演的功能,开发古今边防文化、长城文化、民族融合、塞上生活等体验性产品。依托自然景观资源,着重体现长城地域文化、红色文化、军事文化与新时代精神,结合美丽乡村建设联动发展;保留外长城黄土夯路的景色特质,旅游发展以堡群游览、边贸互市体验、徒步探险为重点。

把新平堡村、得胜堡村打造成为长城边塞风情观光带上集观光、摄影、骑游、宿营于一体的聚集点。策划得胜堡文旅特色小镇,以戍边文化、商贸文化、特色乡村产业为依托,建设集遗迹观光、军事体验、研学旅行、主题户外游乐、乡村体验为一体的得胜堡文旅特色小镇、长城古堡群研学基地。以新平堡村为核心,建立长城古堡考古旅游区,塞上风光游,推出赛马射猎、风味饮食等项目。建设广武边塞文化创意园,开发广武古战场表演,塞北民俗风情体验,长城文化艺术摄影展、大型文艺晚会以及长城焰火等活动。依托新旧广武城,联动雁门关景区协同发展,以军事战争和边塞文化为主题,以观光、度假、休闲、修学、科考、会议、节庆等为载体,打造军事体验文化品牌,形成富有边塞风情和军事文化特征的文化产业链、文化产业制造的配套基地和军事体验风情旅游度假的休闲基地。重点打造传统村落 A 级景区,提升传统村落的知名度。

(三)太行旅游板块:历史脊背,山水太行

太行旅游板块传统村落应挖掘太行的山水、生态、红色等文化元素,凝聚独具特色的太行精神。北太行区的传统村落可依托五台山、恒山等重量级旅游景区,发挥宗教文化、自然风光、清凉气候等优势,构建集宗教文化、观光游览、休闲度假为一体的复合型旅游目的地。中太行区的传统村落可依托丰富的红色旅游资源,培育红色旅游经典景区,打造特色旅游线路,形成太行山红色旅游目的地品牌,推进砖壁村、王家峪村、小河村等红色旅游村落的建设与深度开发,推进"红绿"结合,将太行山自然风光与红色文化有机结合起来,拓展"寓教于游"的研学旅行市场。南太行区的传统村落应发挥山水风光雄奇秀丽、古堡传统村落独特罕见等优势,建设以皇城相府为代表的沁河流域古堡人文景观群,

整合沁水县、阳城县的古堡群,深挖文化内涵,坚持差异化开发,摆脱单一的观光游览模式,将古堡开发与休闲业态相结合,打造集古堡探秘、文化体验、休闲度假于一体的旅游产业集聚区;抓住古晋文化这一特色,开发具有晋东南文化特色的旅游项目,如八音会、纺纱、织布等。同时应尽量引导当地居民参与,把当地的民俗和旅游结合起来。打造特色线路,如太行古堡主题游、古堡低空游。

位于景区内的传统村落要充分利用景区客源优势,发展民宿、餐饮、休闲度假等配套服务,打造"太行人家"乡村旅游精品;选择皇城相府、太行山大峡谷、娘子关、大寨等 A 级景区,带动周边传统村落旅游开发利用,形成景区依托型传统村落旅游目的地;继续打造传统村落 A 级景区,推进成熟景区的品质建设,打造深度休闲度假体验游。

第二节 传统村落旅游与乡村振兴的政策保障

一、传统村落保护的政策保障

目前,我国传统村落分属于不同的保护类别,如文化遗产、文物保护、传统村落等,因而,有关遗产保护、文物保护以及相关开发利用管理的法律法规均涉及传统村落的保护和管理。

(一)国家层面法律法规条文

《中华人民共和国文物保护法》(2017 修正)和《中华人民共和国文物保护法实施条例》(2017 修正)将村镇与历史文化街区列入"不可移动文物"保护范畴,并规定"正确处理经济建设、社会发展与文物保护的关系,确保文物安全"。《国务院关于加强文化遗产保护的通知》(2005 年)对物质文化遗产和非物质文化遗产的保护均做出了明确规定,并明确物质文化遗产包括历史文化名镇名村,且应加强对历史文化名城(街区、村镇)的保护。《国务院办公厅关于加强我国非物质文化遗产保护工作的意见》(2005 年)为保护传统村落非物质文化遗产提供了政策指导。《世界文化遗产保护管理办法》(2006 年)主要是针对列入联合国教科文组织《世界遗产名录》的世界文化遗产和文化与自然混合遗产中的文化遗产部分,其"世界文化遗产工作贯彻保护为主、抢救第一、合理利用、加强管理的方针,确保世界文化遗产的真实性和完整性""县级以上地方人民政府应当将世界文化遗产保护和管理所需的经费纳入本级财政预算"等指导思想和方法对传统村落保护具有直接指导意义。《关于进一步加强非物质文化遗产保护工作的意见》(2021 年)中提出:"挖掘中国传统村落中的非物质文化遗产资源,提升乡土文化内涵,建设非物质文化遗产特色村镇、街区。"

　　我国传统村落保护的法律建设和政策供给在稳步推进,尤其是 2012 年后,传统村落保护的政策供给进入了发展的快车道,《传统村落评价认定指标体系(试行)》《传统村落保护发展规划编制基本要求(试行)》和《关于切实加强中国传统村落保护的指导意见》(2014)等一系列规范性文件先后出台。2012 年住房和城乡建设部、文化部、财政部联合印发了《关于加强传统村落保护发展工作的指导意见》,首次对全国传统村落展开了调查统计,针对 31 个省、自治区、直辖市上报的 11 567 个村落,从中评审认定了第一批 646 个村落列入传统村落名录①。《关于切实加强中国传统村落保护的指导意见》是针对传统村落遭到破坏的状况日益严峻,为加大传统村落保护力度而提出的,意见指出要保持传统村落的完整性、真实性和延续性。我国传统村落的保护管理工作逐渐走上了法制化、规范化轨道。

(二)山西省法律法规条文

　　山西省地方性规范文件也相继出台。2005 年,山西省人民政府办公厅下发《关于加强我省非物质文化遗产保护工作的实施意见》,为传统村落非物质文化遗产的保护提供了政策指导。《山西省实施〈中华人民共和国文物保护法〉办

---

① 刘意识,杨芸,盛勇.传统村落法律保护:现状、问题与对策[J].法制与社会,2019,(19):164-166.

法》(2006年)规定"历史文化名城、名镇、名村和街区,根据具体情况,由所在地县级以上人民政府确定有关机构或者指定(聘请)专人负责管理。禁止在历史文化名城、名镇、名村和街区保护范围内擅自进行拆建"。《山西省城乡规划条例》(2009年)第十三条规定:"历史文化名城、名镇、名村、街区、保护区和历史建筑应当编制保护规划,保持和延续传统格局和历史风貌,维护历史文化遗产的真实性和完整性。"《山西省人民政府办公厅关于做好文物保护和利用工作的通知》(2009年)明确把传统村落纳入文物保护领域:"已确定为历史文化名城、名镇、名村和历史文化街区的,所在地人民政府要认真制订并严格执行保护规划。在城镇和新农村建设中,应当加强对文物保护单位和历史文化名城、名镇、名村和历史文化街区标志性建筑及其周围环境的保护,不得擅自改造、拆除和迁建。要注重保护优秀的乡土建筑和传统村落,注重依托文物资源建设特色村镇,避免盲目求新求洋,造成对传统村落不可逆转的破坏。因乱拆、乱建造成历史文化名城、街区、村镇和文物保护单位的布局、环境、历史风貌等遭到严重破坏的,应当依法取消其称号,并追究有关人员的责任。"《山西省红色文化遗址保护利用条例》(2019年)是全国首部该领域的省级地方性法规,对山西省传统村落内的红色文化遗址保护提供了政策指导。《山西传统村落传统院落传统建筑保护条例》(草案)着眼于建立全省域乡村文化遗产的全覆盖保护体系,将传统村落、传统院落、传统建筑全部纳入保护对象,形成了村落+院落+建筑全覆盖的保护体系,是对乡村文化遗产保护的一次创新性探索,在全国尚属首次。这一系列规范性文件的制定为山西省传统村落保护的法治化奠定了制度基础。传统村落保护相关政策结构见表7-3。

表 7-3　传统村落保护相关政策结构

政策内容 政策结构	文化遗产	文物保护	传统村落
国家层面	《世界文化遗产保护管理办法》《国务院关于加强文化遗产保护的通知》《国务院办公厅关于加强我国非物质文化遗产保护工作的意见》《中华人民共和国非物质文化遗产法》《关于进一步加强非物质文化遗产保护工作的意见》《国家非物质文化遗产保护专项资金管理办法》	《中华人民共和国文物保护法》《中华人民共和国文物保护法实施条例》《关于加强文物保护利用改革的若干意见》	《关于开展传统村落调查的通知》《传统村落评价认定指标体系（试行）》《关于加强传统村落保护发展工作的指导意见》《传统村落保护发展规划编制基本要求（试行）》《关于切实加强中国传统村落保护的指导意见》《关于做好中国传统村落保护项目实施工作的意见》《中国传统村落警示和退出暂行规定（试行）》《住房和城乡建设部办公厅关于实施中国传统村落挂牌保护工作的通知》
山西省	《山西省人民政府办公厅关于加强我省非物质文化遗产保护工作的实施意见》《山西省非物质文化遗产条例》	《山西省实施〈中华人民共和国文物保护法〉办法》《山西省人民政府办公厅关于做好文物保护和利用工作的通知》《山西省红色文化遗址保护利用条例》	《山西传统村落传统院落传统建筑保护条例草案》

二、传统村落开发与减贫的政策保障

我国传统村落资源开发利用既属于乡村发展范畴，又具有文化遗产利用的特性，以下政策虽不是针对传统村落的专项政策，但适用于传统村落，且对传统村落的开发利用起着至关重要的作用。

(一)新农村建设政策

20 世纪 80 年代,我国在农村率先实行改革开放,在此背景下,1982 年、1983 年和 1984 年的三个中央一号文件和 1987 年的中央 5 号文件都提到了建设新农村的任务。20 世纪 90 年代初,在改革开放向纵深推进和加快工业化的背景下,1991 年的中央 21 号文件又提出了建设新农村的任务。2003 年,党的十六届三中全会提出了"五个统筹"的概念,并把"统筹城乡发展"放在了"五个统筹"的首要位置。2005 年,党的十六届五中全会系统地提出建设社会主义新农村是我国现代化进程中的重大历史任务,要按照生产发展、生活宽裕、乡风文明、村容整洁、管理民主的要求,扎实稳步地加以推进。2005 年 12 月,十届全国人大常委会第十九次会议通过决定,自 2006 年 1 月 1 日起全面免除农业税,废止《中华人民共和国农业税条例》,这意味着在中国延续两千多年的农业税正式走入历史。2004—2008 年,中共中央连续出台五个指导农业和农村工作的中央一号文件,分别以促进农民增收、提高农业综合生产能力、推进社会主义新农村建设、发展现代农业和切实加强农业基础建设为主题,共同形成了新时期加强"三农"工作的基本思路和政策体系,构建了以工促农、以城带乡的制度框架,掀开了建设社会主义新农村的历史篇章。2006 年,中央一号文件《中共中央国务院关于推进社会主义新农村建设的若干意见》标志着我国全面推进社会主义新农村建设序幕正式拉开。2007 年,《中共中央国务院关于积极发展现代农业扎实推进社会主义新农村建设的若干意见》下发,大多数省、自治区、直辖市乃至部分市县都制订了建设社会主义新农村的意见,一些地方还专门制订了更为具体的社会主义新农村建设规划纲要,如宁夏、河南分别制订了《宁夏回族自治区社会主义新农村建设规划纲要(2006—2010 年)》和《河南省 2006—2020 年建设社会主义新农村规划纲要》。为了贯彻落实《中共中央国务院关于推进社会主义新农村建设的若干意见》,相关部门着手制定了部门规章,如《农业部关于贯彻落实中央推进社会主义新农村建设战略部署的实施意见》,明确了今后一个时期农业部门推进社会主义新农村建设的工作思路、工作目标和重点任务。

另外,《中共中央办公厅国务院办公厅关于进一步加强农村文化建设的意见》《国务院关于解决农民工问题的若干意见》等新农村建设的具体政策陆续发布。2008年10月党的十七届三中全会审议通过的《中共中央关于推进农村改革发展若干重大问题的决定》,要求把建设社会主义新农村作为战略任务,把走中国特色农业现代化道路作为基本方向,把加快形成城乡经济社会一体化新格局作为根本要求。21世纪以来的中央一号文件都有与新农村建设有关的内容。国家有关建设新农村的法律条文和政策性建议,给传统村落带来了巨大的发展机遇。2018年,山西省也出台了《山西省人民政府关于2018年实施乡村振兴若干政策措施的通知》。表7-4为21世纪以来与新农村建设有关的中央一号文件及其主要内容。

表7-4　21世纪以来与新农村建设有关的中央一号文件及其主要内容(截至2021年年底)

时　间	文件名称	主要内容及措施
2004年	中共中央国务院关于促进农民增加收入若干政策的意见	增加农民收入,通过"两减免、三补贴"政策,减少农业负担
2005年	中共中央国务院关于进一步加强农村工作提高农业综合生产能力若干政策的意见	稳定、完善和强化各项支农政策,切实加强农业综合生产能力建设,继续调整农业和农村经济结构,进一步深化农村改革
2006年	中共中央国务院关于推进社会主义新农村建设的若干意见	完善强化支农政策,加强基础设施建设,加强农村民主政治建设和精神文明建设,加快社会事业发展,推进农村综合改革,促进农民持续增收,确保社会主义新农村建设有良好开局
2007年	中共中央国务院关于积极发展现代农业扎实推进社会主义新农村建设的若干意见	用现代物质条件装备农业,用现代科学技术改造农业,用现代产业体系提升农业,用现代经营形式推进农业,用现代发展理念引领农业,用培养新型农民发展农业
2008年	中共中央国务院关于切实加强农业基础建设进一步促进农业发展农民增收的若干意见	走中国特色农业现代化道路,建立以工促农、以城带乡长效机制,形成城乡经济社会发展一体化新格局
2009年	中共中央国务院关于2009年促进农业稳定发展农民持续增收的若干意见	加大对农业的支持保护力度;稳定发展农业生产;强化现代农业物质支撑和服务体系;稳定完善农村基本经营制度;推进城乡经济社会发展一体化

续表

时　间	文件名称	主要内容及措施
2010 年	中共中央国务院关于加大统筹城乡发展力度进一步夯实农业农村发展基础的若干意见	健全强农惠农政策体系、提高现代农业装备水平、加快改善农村民生、协调推进城乡改革、加强农村基层组织建设
2012 年	中共中央国务院关于加快推进农业科技创新持续增强农产品供给保障能力的若干意见	强调农业科技创新,把推进农业科技创新作为农产品生产供保和现代农业发展的支撑,在我国农业科技发展史上具有里程碑意义
2013 年	中共中央国务院关于加快发展现代农业进一步增强农村发展活力的若干意见	创新农业生产经营体制,坚持依法自愿有偿原则,引导农村土地承包经营权有序流转,鼓励和支持承包土地向专业大户、家庭农场、农民合作社流转,发展多种形式的适度规模经营
2014 年	中共中央国务院关于全面深化农村改革加快推进农业现代化的若干意见	坚决破除体制机制弊端,坚持农业基础地位不动摇,加快推进农业现代化
2015 年	中共中央国务院关于加大改革创新力度加快农业现代化建设的若干意见	围绕建设现代农业,加快转变农业发展方式;围绕促进农民增收,加大惠农政策力度;围绕城乡发展一体化,深入推进新农村建设;围绕增添农村发展活力,全面深化农村改革;围绕做好"三农"工作,加强农村法治建设
2016 年	中共中央国务院关于落实发展新理念加快农业现代化实现全面小康目标的若干意见	用发展新理念破解"三农"新难题,厚植农业农村发展优势,加大创新驱动力度,推进农业供给侧结构性改革,加快转变农业发展方式,保持农业稳定发展和农民持续增收
2017 年	中共中央国务院关于深入推进农业供给侧结构性改革加快培育农业农村发展新动能的若干意见	推进农业供给侧结构性改革,要在确保国家粮食安全的基础上,紧紧围绕市场需求变化,以增加农民收入、保障有效供给为主要目标,以提高农业供给质量为主攻方向,以体制改革和机制创新为根本途径
2018 年	中共中央国务院关于实施乡村振兴战略的意见	围绕实施好乡村振兴战略,文件谋划了一系列重大举措,确立起了乡村振兴战略的"四梁八柱"

续表

时　间	文件名称	主要内容及措施
2019 年	中共中央国务院关于坚持农业农村优先发展做好"三农"工作的若干意见	实现农业农村优先发展,是决胜全面小康攻坚冲刺阶段的一号文件,是脱贫攻坚和乡村振兴交汇推进时期的一号文件
2020 年	中共中央国务院关于抓好"三农"领域重点工作确保如期实现全面小康的意见	坚决打赢脱贫攻坚战;对标全面建成小康社会加快补上农村基础设施和公共服务短板;保障重要农产品有效供给和促进农民持续增收;加强农村基层治理;强化农村补短板保障措施
2021 年	中共中央国务院关于全面推进乡村振兴加快农业农村现代化的意见	围绕全面推进乡村振兴、加快农业农村现代化,对"三农"工作作出全面部署。"三农"工作重心转向全面推进乡村振兴

(二)产业政策

《促进产业结构调整暂行规定》(2005 年)明确产业结构调整的方向和重点之一是"巩固和加强农业基础地位,加快传统农业向现代农业转变"。2005 年国务院〔……〕动支持和引导个体私营等非公有制经济发展的若干意见》。〔……〕服务业的若干意见》(2007 年)中指出:"积极发展农村服〔……〕农村的服务业,不断繁荣农村经济,增加农民收入,提高〔……〕代农业、扎实推进社会主义新农村建设服务。"这些政〔……〕强农业基础地位,发展现代农业;推进工业结构优化升〔……〕,增强国际竞争力;发展服务业,提高服务业的比重和水平;加强发展信息产业,大力推进信息化。

我国鼓励贫困地区发展各项产业的政策主要包括信贷扶贫政策、税收优惠政策、土地使用政策及社会帮扶等奖励性政策工具,均适用于传统村落资源的开发利用与产业发展。但考虑到传统村落保护性开发的需要及其相关法律条文的要求,传统村落开发利用需受控制性政策工具的约束,因此,适用于传统村落的产业项目主要是旅游业。2009 年,国务院印发了《关于加快发展旅游业的意见》,2010年,国务院办公厅印发《贯彻落实国务院关于加快发展旅游业意见重点工作分工方案的通知》。《国务院关于促进旅游业改革发展的若干意见》(2014年)明确了今后一个时期旅游改革发展的重点任务,针对当前我国旅游改革发展中存在的困难和问题,提出了针对性政策措施。为进一步促进旅游投资和消费,国务院办公厅下发了《关于进一步促进旅游投资和消费的若干意见》(2015年)。《中华人民共和国旅游法》(2018修正)主要是对旅游管理者、旅游经营者、旅游者的权利义务进行了约束和规范,是我国第一部旅游法,对旅游产业发展具有重要的作用。

为推动山西省旅游业转型升级,建设旅游经济强省,《山西省人民政府关于促进旅游业改革发展的意见》于2015年颁布。《山西省旅游条例》(2017修订)明确规定,山西省人民政府应当将旅游业作为本省国民经济和社会发展的战略性支柱产业,发展全域旅游,加大对旅游业的投入和扶持力度,促进旅游业与其他产业融合发展。这一条例是落实国务院关于山西省进一步深化改革促进资源型经济转型发展要求,把山西省文化旅游业培育成战略性支柱产业的又一举措,标志着山西省依法治旅、依法兴旅进程又迈出了重要一步。

各级政府出台的发展旅游业的奖励性政策主要包括:财税优惠政策(营业税和所得税同时免征优惠政策,固定资产投资方向调节税税率的优惠,免征关税和增值税的优惠政策等);金融优惠政策;扶贫开发优惠政策;用地优惠政策;奖励政策;配套优惠政策等,均适于传统村落旅游产业发展。

(三)土地政策

《中华人民共和国土地管理法》(2019年修正)、《中华人民共和国农村土地承包法》(2018年修正)、《国务院关于深化改革严格土地管理的决定》(2004年)、《关于加强农村宅基地管理的意见》(2004年)、《国土资源部关于促进农业稳定发展农民持续增收推动城乡统筹发展的若干意见》(2009年)、《国务院办公厅关于严格执行有关农村集体建设用地法律和政策的通知》(2007年)、《国务院关于促进节约集约用地的通知》(2008年)等都是关于宅基地和集体建设用地的有关法律政策,对传统村落土地使用管理具有指导意义。2005年颁布的《农村土地承包经营权流转管理办法》指出"承包方依法取得的农村土地承包经营权可以采取转包、出租、互换、转让或者其他符合有关法律和国家政策规定的方式流转",为传统村落"空心村"的治理提供了制度保障。2014年,《关于进一步加快推进宅基地和集体建设用地使用权确权登记发证工作的通知》要求将农房等集体建设用地上的建筑物、构筑物纳入宅基地和集体建设用地使用权确权登记发证的工作范围,实现统一调查、统一确权登记、统一发证。这是国务院同意建立不动产登记工作部际联席会议制度以来,有关部门首次联合发文,明确阐述了不动产统一登记"城乡统一"的重要意义。为进一步加强耕地保护和改进占补平衡工作,2017年《关于加强耕地保护和改进占补平衡的意见》出台,提出加强耕地数量、质量、生态"三位一体"保护,加强耕地管控、建设、激励多措并举保护。探索建立土地用途转用许可制,强化非农建设占用耕地的转用管控。

《山西省实施〈中华人民共和国土地管理法〉办法》于2008年修订,对农村宅基地使用作出了明确规定。"农村村民建住宅,使用本集体经济组织农民集体所有的土地,经乡(镇)人民政府审核,由县级以上人民政府批准。农村村民出卖、出租住房后,再申请宅基地的,不予批准。""农村村民宅基地以户为单位计算,一户只能拥有一处宅基地。超过一处的,应当退出。"

(四)扶贫减贫政策

自改革开放以来,我国开展了有计划、有组织、大规模的扶贫工作,中央和地方政府也相继制定并实施了一系列有针对性的政策措施,以帮助贫困地区的经济社会发展和贫困人口摆脱贫困。这是国家有关政策中与传统村落扶贫减贫联系最密切、最适用和可借用的一类政策。我国扶贫政策大体可分为三类,即开发式扶贫政策、社会保障政策和惠农政策。本书只针对前两类政策展开叙述。

1.开发式扶贫政策

开发式扶贫政策主要针对农村贫困地区和贫困人口,侧重于生产性开发扶贫。1984 年,中共中央和国务院印发了《关于帮助贫困地区尽快改变面貌的通知》,确定了开发式扶贫方针。1994 年,中央召开了第一次全国扶贫开发工作会议,国务院颁布了《国家八七扶贫攻坚计划》(1994—2000 年),这是我国历史上第一个有明确目标、对象、措施和期限的扶贫开发行动纲领。该计划鼓励贫困地区广大干部、群众以市场需求为导向,依靠科技进步,开发利用当地资源,发展商品生产,解决温饱进而脱贫致富,并对扶贫方式与途径、资金管理使用做了明确规定。为加快贫困地区发展,促进共同富裕,实现全面建成小康社会奋斗目标,国务院相继出台了《中国农村扶贫开发纲要(2001—2010 年)》和《中国农村扶贫开发纲要(2011—2020 年)》(简称《农村扶贫纲要》),《农村扶贫纲要》的战略指导和思路与传统村落减贫发展的要求基本一致,是传统村落保护开发减贫政策的重要指导和内容。

1986 年山西省成立贫困地区经济开发领导小组及办公室,扶贫开发从此进入了有计划、有组织、大规模的实施阶段。在《农村扶贫纲要》的指导下,山西省结合实际情况,制订了《山西省农村扶贫开发十年规划》(2001 年),规划中明确了 35 个国家级扶贫开发工作重点县和 17 个省定扶贫开发工作重点县,囊括了 24 个传统村落。为贯彻该规划,2007 年,省人民政府办公厅印发《山西省贫困地区农村扶贫开发"十一五"规划》。《关于加快晋西北、太行山革命老区开发的决定》(2006 年)从产业开发、基础设施建设、教育卫生文化建设、投融资、政策支持、人才培训等方面加快晋西北、太行山革命老区开发。"两区"范围涉及全省 10 个市、59 个县(市、区),其中 54 个县是国家和省扶贫开发工作重点县。随后,又出台了《关于印发晋西北太行山革命老区开发四个专项规划的通知》(2006 年),四个专项规划分别是产业项目、交通建设、生态建设和环境保护、社会事业规划;《山西省两区开发产业项目部门责任管理办法》(2007 年)将"两区"项目落实到 10 个有关部门进行责任管理,并分别明确了各个部门的目标管理责任和目标责任考核办法。为规范农村扶贫开发工作,实现农村贫困人口稳定脱贫,促进农村贫困地区经济社会发展,《山西省农村扶贫开发条例》(2017

年)从扶贫对象的认定、实施的扶贫措施到扶贫资金和项目的内容都作了规定。为进一步加强对扶贫龙头企业和扶贫农民专业合作社资格的认定和管理,促进脱贫攻坚,山西省人民政府办公厅出台《山西省扶贫龙头企业和扶贫农民专业合作社认定管理办法》(2018 年),为社会扶贫定"规矩"。2018 年,《山西省旅游扶贫示范村工作方案(2018—2020)》出台,对黄河、长城、太行三大板块上的300 个左右的贫困村进行旅游扶贫。

2.社会保障政策

社会保障政策的重点是那些缺乏开发潜力的贫困农村以及遭受灾害打击的贫困人口。社会保障政策涉及最低生活保障制度、新型农村合作医疗制度、养老保险制度、农村医疗救助制度和农村社区医疗服务体系等一系列政策。

(1)最低生活保障制度

最低生活保障制度最初是面向城镇居民的。2007 年国务院颁布了《关于在全国建立农村最低生活保障制度的通知》,全国性的农村最低生活保障制度开始建立,对农村扶贫工作起到了很大的推动作用。民政部与财政部于 2008 年联合发布《关于进一步提高城乡低保补助水平妥善安排当前困难群众基本生活的通知》,要求增加对农村低保的资金投入,并适度提高低保补助标准。为贯彻落实对农村低收入人口全面实施扶贫政策,2010 年国务院扶贫办等部门又制定了《关于做好农村最低生活保障制度和扶贫开发政策有效衔接扩大试点工作的意见》。

据此,山西省出台了对应的政策,《关于在贫困县开展农村低保制度和扶贫开发政策"两项制度"有效衔接试点工作的实施方案》(2010 年)确定了 2010 年在 57 个贫困县开展这一工作。与此同时,各地市根据实际情况也出台了相关扶贫文件,如晋城市出台了《中共晋城市委、晋城市人民政府关于解决偏远山区贫困农村突出问题的实施意见》《关于市四大班子领导联系偏远山区贫困农村重点乡镇的通知》《关于认真做好结对帮扶工作切实解决偏远山区贫困农村突出问题的通知》以及《关于市级扶贫移民搬迁资金扶持和项目管理办法》《晋城市扶贫攻坚综合考核办法》等一系列扶贫减贫政策性措施,实现"3~5 年时间,基本解决 510 个偏远山区贫困农村生产生活中存在的突出问题,达到基础设施明显改善,社会事业明显进步,发展能力明显提高的总体目标"。这些政策为传统村落减贫发展提供了有力的政策支持。为做好农村最低生活保障制度和扶贫开发政策有效衔接工作,确保到 2020 年现行扶贫标准下农村贫困人口全面脱贫,2017 年出台了《山西省农村最低生活保障制度和扶贫开发政策有效衔接实施方案》。

(2)农村医疗保险制度

2002 年中共中央、国务院发布《关于进一步加强农村卫生工作的决定》,明确指出要"逐步建立以大病统筹为主的新型农村合作医疗制度"。2003 年卫生部等部门制定了《关于建立新型农村合作医疗制度意见的通知》,新型合作医疗制度实行个人缴费、集体扶持和政府资助相结合的筹资机制,农民个人每年缴费不少于 10 元,主要补助参加新型农村合作医疗农民的大额医疗费用或住院医疗费用。这项制度适用于所有传统村落,是帮助农民抵御重大疾病风险的有效途径,也是帮助农村脱贫的基础,对农村的扶贫减贫起到了推动作用。2013 年,国家卫生和计划生育委员会下发《关于做好 2013 年新型农村合作医疗工作的通知》:自 2013 年起,各级财政对新农合的补助标准从每人每年 240 元提高到每人每年 280 元。政策范围内住院费用报销比例提高到 75% 左右,并全面推开儿童白血病、先天性心脏病、结肠癌、直肠癌等 20 个病种的重大疾病保障试点工作。2014 年财政部、国家卫生计生委、人力资源社会保障部发布《关于提高 2014 年新型农村合作医疗和城镇居民基本医疗保险筹资标准的通知》:各级财政对新农合和居民医保人均补助标准在 2013 年的基础上提高 40 元,达到 320 元。农民和城镇居民个人缴费标准在 2013 年的基础上提高 20 元,全国平均个人缴费标准达到每人每年 90 元左右。

2017 年,山西省出台了《山西省农村建档立卡贫困人口医疗保障帮扶方案》,采取以"三保险三救助"为主要内容的特殊的阶段性政策措施,推进因病致贫问题的根本性解决。2021 年出台《关于巩固拓展医疗保障脱贫攻坚成果有效衔接乡村振兴战略的实施方案》（以下简称《实施方案》），对脱贫攻坚期山西省阶段性医疗保障帮扶政策进行了优化完善。《实施方案》明确，原农村建档立卡贫困人口医疗保障帮扶政策执行到 2021 年底；从 2022 年 1 月 1 日起，对特困人员、低保对象和乡村振兴部门认定的返贫致贫人口等执行参保分类资助、基本医保普惠、大病保险倾斜、医疗救助托底的保障政策。

（3）农村社会养老保险制度

农村社会养老保险是农村社会保障体系的重要组成部分，对于促进农村经济发展和社会稳定有着重要的意义。2002 年党的十六大报告明确提出在有条件的地方探索建立农村养老保险制度，2007 年党的十七大报告将基本建立覆盖城乡居民的社会保障体系作为实现全面建设小康社会奋斗目标的新要求，2008 年《中共中央关于推进农村改革发展若干重大问题的决定》明确指出，健全（包括农村养老保障在内的）农村社会保障体系的基本原则是广覆盖、保基本、多层次、可持续。2009 年，《国务院关于开展新型农村社会养老保险试点的指导意见》指出从 2009 年起开展新型农村社会养老保险试点，试点覆盖面为全国 10% 的县（市、区、旗），以后逐步扩大试点，在全国普遍实施，2020 年之前基本实现对农村适龄居民的全覆盖。2011 年，财政部发布《关于中央财政新型农村和城镇居民社会养老保险试点专项补助资金管理有关问题的通知》，中央财政按中央确定的基础养老金标准，对中西部地区全额补助，对东部地区补助 50%。2014 年，新型农村社会养老保险和城镇居民社会养老保险实现制度合并，在全国范围内建立统一的城乡居民基本养老保险制度。2009 年，《山西省人民政府关于开展新型农村社会养老保险试点的实施意见》出台，农村养老保险制度同样适用于传统村落。

三、传统村落政策评价

从现有政策对传统村落旅游开发与振兴的影响和作用而言，它基本可以分为三种情况：一是有利于促进传统村落保护发展的政策，主要以扶贫减贫类政策为主；二是既有促进也有限制的政策，主要以新农村建设、产业发展和土地政策为主；三是具有一定冲突和制约的政策，主要是有关文物保护和遗产保护的条例与传统村落特殊属性所致的发展要求冲突，一定程度上限制了传统村落资源的开发利用。归纳起来，现有政策有以下几个特点：一是传统村落保护性政策有余而发展性政策不足，强调了传统村落保护的重要性，忽视了传统村落社区的发展需要；二是适用性政策有余而针对性政策不足，大部分政策均与传统村落保护发展减贫有联系，换言之传统村落保护发展都能套用现有政策，但又不能直接指导传统村落发展；三是宏观控制性政策有余而因地制宜分类指导性政策不足，特别是缺失对地处不同区域、不同类型传统村落的保护发展政策，具有地域特点的地方性政策少，不利于传统村落保护发展的微观政策引导。

参考文献

[1] 孙应魁,翟斌庆.人类聚居演变视角下的传统村落保护与更新研究——基于新疆的案例[J].西北大学学报(自然科学版),2018,48(6):875-883.

[2] 刘军民,庄袁俊琦.传统村落文化脱域与保护传承研究[J].城市发展研究,2017(11):C6-C9.

[3] 李菁,叶云,翁雯霞.美丽乡村建设背景下传统村落资源开发与保护研究[J].农业经济,2018(1):53-55.

[4] 黄滢,张青萍.多元主体保护模式下民族传统村落的保护[J].贵州民族研究,2017(10):107-110.

[5] 刘渌璐,肖大威,傅娟.传统村落保护实施效果评估方法探索[J].小城镇建设,2014(6):85-90.

[6] 冯骥才.保护古村落是当前文化抢救的重中之重[J].政协天地,2009(11):18-19.

[7] 冯骥才.亟须加强对古村落文化的保护[J].农村工作通讯,2011(9):34.

[8] 冯骥才.传统村落的困境与出路——兼谈传统村落是另一类文化遗产[J].民间文化论坛,2013(1):7-12.

[9] 王小明.传统村落价值认定与整体性保护的实践和思考[J].西南民族大学学报(人文社会科学版),2013(2):156-160.

[10] 周乾松.新型城镇化过程中加强传统村落保护与发展的思考[J].长白学刊,2013(5):144-149.

[11] 潘刚,马知遥.街景技术在传统村落普查和保护中的应用[J].山东艺术学院学报,2014(6):11-15.

[12] 童成林.新型城镇化背景下传统村落的保护与发展策略探讨[J].建筑与文化,2014(2):109-110.

[13] 陈振华,闫琳.台湾村落社区的营造与永续发展及其启示[J].中国名城,2014(3):17-23.

[14] 姜勇.浅谈满族传统村落调查与保护的急迫性:以辽宁省新宾县为例[J].文学大野,2013(3):348-350.

[15] 周乾松.城镇化过程中加强传统村落保护的对策[J].城乡建设,2014(8):7-13.

[16] 陶伟,陈红叶,林杰勇.句法视角下广州传统村落空间形态及认知研究[J].地理学报,2013,68(2):209-218.

[17] 杨振宇,许庆福,崔薛萍,等.农村居民点整理中传统村落保护问题探析[J].山东国土资源,2014,30(5):106-108.

[18] 谢文海,刘卫国,曹植清,等.人地关系视角下张家界土家村落石堰坪村保护和发展探讨[J].安徽农业科学,2014,42(5):1440-1442.

[19] 吴威龙.鄂西南土家族传统村落保护与发展——以利川市老屋基老街为例[J].湖北民族学院学报(自然科学版),2014,32(3):349-352.

[20] 李晓丹,兰婷,杨灏.黔东南传统村落保护和发展研究——以侗寨为例[J].中国名城,2013(7):64-67.

[21] 谢佳.传统村落空间形态、艺术特色及保护利用——江西吉安渼陂古村[J].科技创新与应用,2013(21):246.

[22] 段威,雷楠.浙江天台张家桐村:基于微介入策略的传统村落保护与更新[J].北京规划建设,2014(5):50-57.

[23] 唐晓云.古村落旅游社会文化影响:居民感知、态度与行为的关系——以广西龙脊平安寨为例[J].人文地理,2015,30(1):135-142.

[24] 李伯华,陈淑燕,刘一曼,等.旅游发展对传统村落人居环境影响的居民感知研究——以张谷英村为例[J].资源开发与市场,2017,33(5):

604-608.

[25] 邹君,朱倩,刘沛林.基于解释结构模型的旅游型传统村落脆弱性影响因子研究[J].经济地理,2018,38(12):219-225.

[26] 杨若凡,钱云.旅游影响下北京郊区传统村落空间集体记忆研究:以爨底下村、古北口村、灵水村、琉璃渠村为例[J].现代城市研究,2019(8):49-57,74.

[27] 吴吉林.周春山,谢文海.传统村落农户乡村旅游适应性评价与影响因素研究:基于湘西州6个村落的调查[J].地理科学,2018,38(5):755-763.

[28] 刘德谦.古镇保护与旅游利用的良性互动[J].旅游学刊,2005,20(2):47-53.

[29] 卢松,张业臣,王琳琳.古村落旅游移民社会融合结构及其影响因素研究:以世界文化遗产宏村为例[J].人文地理,2017,32(4):138-145.

[30] 赖斌.民族地区旅游开发对当地群众民生感的影响:基于旅游公平的视角[J].地域研究与开发,2016,35(5):105-109,119.

[31] 庞珺.美丽乡村建设中传统村落景观环境的保护与开发:以莱芜市"一线五村"为例[J].山东农业大学学报(自然科学版),2017,48(5):641-647.

[32] 师永辉,毛学刚.豫南传统村落景观格局及驱动机制:以河南新县丁李湾村为例[J].地域研究与开发,2018,37(3):172-176.

[33] 后雪峰,屈清,李德宜.潮汕传统村落景观基因识别及特征分析[J].贵州师范大学学报(自然科学版),2019,37(3):43-53,60.

[34] 杨立国,刘沛林,林琳.传统村落景观基因在地方认同建构中的作用效应:以侗族村寨为例[J].地理科学,2015,35(5):593-598.

[35] JEAN J L, KWA S, DONALDSON J A. Making Ethnic Tourism Good for the Poor[J]. Annals of Tourism Research, 2019(5):140-152.

[36] MEDINA L K. Commoditizing Culture: Tourism and Maya Identity[J]. Annals of Tourism Research, 2003, 30(2): 353-368.

[37] WILKINSON P F, PRATIWI W. Gender and Tourism in an Indonesian Village[J]. Annals of Tourism Research. 1995, 22(2): 283-299.

[38] HARRISON D. Cocoa, conservation and tourism: Grande Riviere, Trinidad [J]. Annals of Tourism Research, 2007, 34(4): 919-942.

[39] LEPP A. Residents attitudes towards tourism in Bigodi village Uganda[J]. Tourism Management, 2007, 28(4): 876-885.

[40] LIU A. Tourism in rural areas: Kedah, Malaysia[J]. Tourism Management, 2006, 27(4): 878-889.

[41] ZEPPEL H. Cultural tourism at the Cowichan native village British Columbia[J]. Travel Research, 2002, 41(3): 92-100.

[42] LI Y P, LO R L B. Applicability of the market appeal-robusticity matrix: A case study of heritage tourism[J]. Tourism Management, 2004, 25(6): 789-800.

[43] MEARNS M A, DU TOIT A S A. Knowledge audit: Tools of the trade transmitted to tools for tradition [J]. International Journal of Information Management, 2008, 28(3): 161-167.

[44] BURNS P M, SANCHO M M. Local perceptions of tourism Planning: the case of Cuellar, Spain [J]. Tourism Management, 2003, 24(3): 331-339.

[45] NEPAL S K. Tourism-induced rural energy consumption in the Annapurna region of Nepal [J]. Tourism Management, 2008, 29(1): 89-100.

[46] 袁宁,黄纳,张龙,等.基于层次分析法的古村落旅游资源评价:以世界遗产地西递、宏村为例[J].资源开发与市场,2012,28(2):179-181.

[47] 程乾,付俊.基于游客感知的古村落旅游资源评价研究[J].经济地理,2010,30(2):329-333.

[48] 吴冰,马耀峰.古村落旅游资源评价与保护研究:以陕西省韩城市党家村为例[J].陕西师范大学学报(自然科学版),2004,32(1):121-124.

[49] 齐学栋.古村落与传统民居旅游开发模式刍议[J].学术交流,2006(10):131-134.

[50] 陈腊娇,冯利华,沈红,等.古村落旅游开发模式的比较:金华市诸葛八卦村和郭洞村实证研究[J].国土与自然资源研究,2005(4):58-59.

[51] 朱国兴.徽州村落旅游开发初探[J].资源开发与市场,2002,18(6):41-43.

[52] 吴文智,庄志民.体验经济时代下旅游产品的设计与创新:以古村落旅游产品体验化开发为例[J].旅游学刊,2003,18(6):66-70.

[53] 方志远,冯淑华.江西古村落的空间分析及旅游开发比较[J].江西社会科学,2004(8):220-223.

[54] 朱良文.从箐口村旅游开发谈传统村落的发展与保护[J].新建筑,2006(4):4-8.

[55] 周志雄.文化视野下的古村落建设:以俞源为例[J].浙江社会科学,2007(4):215-217,221.

[56] 王云才,杨丽,郭焕成.北京西部山区传统村落保护与旅游开发利用:以门头沟区为例[J].山地学报,2006,24(4):466-472.

[57] 马智胜,郭跃,瞿杰.流坑旅游资源的开发与经营[J].旅游科学,2004,18(1):27-30.

[58] 申秀英,卜华白.中国古村落旅游企业的"共生进化"研究:基于共生理论的一种分析[J].经济地理,2006,26(2):322-325.

[59] 纪金雄.基于共生理论的古村落旅游利益协调机制研究:以武夷山下梅村为例[J].江西农业大学学报(社会科学版),2011,10(2):124-130.

[60] 冯淑华.基于共生理论的古村落共生演化模式探讨[J].经济地理,2013,33(11):155-162.

[61] 李进兵,何敏.精英脱离:民族村落旅游发展中的困境:以北川青片乡羌族村落旅游发展为例[J].西南科技大学学报(哲学社会科学版),2014,31(4):19-25,47.

[62] 徐克帅,于冬梅,朱海森.古村落居民环境感知的性别差异研究及启示:以余姚市柿林古村为例[J].桂林旅游高等专科学校学报,2008(1):91-95.

[63] 周春发.乡村旅游地居民的日常抵抗——以徽村拆建房风波为例[J].旅游学刊,2012,27(2):32-36.

[64] 李文兵,张宏梅.古村落游客感知价值概念模型与实证研究:以张谷英村为例[J].旅游科学,2010,24(2):55-63.

[65] 冯淑华,沙润.游客对古村落旅游的"真实感—满意度"测评模型初探[J].人文地理,2007(6):85-89.

[66] 李文兵.基于游客感知价值的古村落旅游主题定位与策划模式研究:以岳阳张谷英村为例[J].地理与地理信息科学,2010,26(1):108-112.

[67] 李伯华,尹莎,刘沛林,等.湖南省传统村落空间分布特征及影响因素分析[J].经济地理,2015,35(2):189-194.

[68] 冯亚芬,俞万源,雷汝林.广东省传统村落空间分布特征及影响因素研究[J].地理科学,2017,37(2):236-243.

[69] 熊梅.中国传统村落的空间分布及其影响因素[J].北京理工大学学报(社会科学版),2014,16(5):153-158.

[70] 许少辉,董丽萍.论乡村振兴战略下传统村落的产业发展[J].民族论坛,2018(2):64-67.

[71] 韩雪娇.乡村振兴战略中村落民俗文化的保护与利用[J].经济师,2018(11):82-83.

[72] 范勇,袁赟,王林申,等.乡村振兴背景下传统村落空间的重塑与再生路径探析:以磁县徐家沟乡村规划为例[J].西部人居环境学刊,2018,33

（3）：96-101.

[73] 邵秀英,耿娜娜.山西传统村落:遗产保护与遗产旅游[M].北京:旅游教育出版社,2015.

[74] 魏峰群.传统古村落保护与旅游开发的混合效应模式研究[J].干旱区资源与环境,2010,24(10):197-200.

[75] 王乃举,沈东生.基于生态博物馆思想的古村落旅游发展模式[J].安徽农业大学学报(社会科学版),2014,23(5):29-35.

[76] 卢松,陈思屹,潘蕙.古村落旅游可持续性评估的初步研究:以世界文化遗产地宏村为例[J].旅游学刊,2010,25(1):17-25.

[77] 张圆刚,余向洋,ANTHONY W I,等.古村落景区游客拥挤感知维度与游憩情绪影响机制研究:以西递、宏村为例[J].人文地理,2018(2):138-146.

[78] 荣玥芳,刘洋.乡村振兴背景下传统村落保护与发展策略研究:以界岭口村为例[J].北京建筑大学学报,2020,36(1):32-39.

[79] 张俊,储金龙,李久林.乡村振兴背景下徽州传统村落建设发展路径探究[J].安徽农业大学学报(社会科学版),2019,28(3):9-16.

[80] 刘德秀,王莉,秦翰,等.混合型主题公园国内游客游后评价研究:以重庆乐和乐都主题公园为例[J].西南大学学报(自然科学版),2017,39(2):121-127.

[81] 王灿,陈幺,任志远.喀纳斯旅游者行为及游后评价研究:基于网络游记的视角[J].资源开发与市场,2013,29(4):426-429.

[82] 张建忠,刘家明,柴达.基于文化生态旅游视角的古村落旅游开发:以后沟古村为例[J].经济地理,2015,35(9):189-194.

[83] 杨昀,贾玎.乡村振兴背景下古村落旅游治理模式变迁与启示[J].安徽农业科学,2020,48(16):134-136.

[84] 邵秀英,邬超,刘亚玲,等.古村落旅游与社区发展的耦合协调研究:以

山西后沟传统村落为例[J].干旱区资源与环境,2019,33(5):203-208.

[85] 陈钢华,奚望.旅游度假区游客环境恢复性感知对满意度与游后行为意向的影响:以广东南昆山为例[J].旅游科学,2018,32(4):17-30.

[86] 曹月娟.红色文化旅游游客服务质量感知对行为意愿的影响研究[J].旅游科学,2020,34(3):94-102.

[87] 王永明,王美霞,李瑞,等.基于网络文本内容分析的凤凰古城旅游地意象感知研究[J].地理与地理信息科学,2015,31(1):64-67,79.

[88] 张瑛,史凯静,刘建峰.基于网络游记的大运河文化遗产游客感知研究[J].地域研究与开发,2020,39(4):79-85.

[89] RACHERLA P, HU C. A Social Network Perspective of Tourism Research Collaborations[J]. Annals of Tourism Research, 2010, 37(4): 1012-1034.

[90] LUO Q, ZHONG D X. Using Social Network Analysis to Ex-plain Communication Characteristics of Travel-related E-lectronic Word-of-mouth on Social Networking Sites[J]. Tourism Management, 2015, 46(46): 274-282.

[91] PIZAM A, NEUMANN Y, REICHEL A. Dimensions of tourist satisfaction with a destination area[J]. Annals of Tourism Research, 1978, 5(3): 314-322.

[92] AKAMA J S, DAMIANNAH M K. Measuring tourist satisfaction with Kenya' swildlife safari: A case study of Tsavo West National Park[J]. Tourism Management, 2003, 24(1): 73-81.

[93] DUNN R E L, ISO-AHOLA S E. Sightseeing tourists' motivation and satisfaction[J]. Annals of Tourism Research, 1991, 18(2): 226-237.

[94] HASEGAWA H. Analyzing tourists' satisfaction: A multivariate ordered probit approach [J]. Tourism Management, 2010, 31(1): 86-97.

[95] GETAHUN W, DHALIWAL R S. Satisfaction of foreign tourists in Ethiopia: using holiday satisfaction model[J]. International Journal of Leisure and

Tourism Marketing，2017，5（2）：163-188.

［96］朱晓柯,杨学磊,薛亚硕,等.冰雪旅游游客满意度感知及提升策略研究:以哈尔滨市冰雪旅游为例［J］.干旱区资源与环境,2018,32（4）:189-195.

［97］王钦安,彭建,孙根年.基于 IPA 法的传统型景区游客满意度评价:以琅琊山景区为例［J］.地域研究与开发,2017,36（4）:110-115.

［98］SADEH E，ASGARI F，MOUSAVI L，et al. Factors Affecting Tourist Satisfaction and Its Consequences［J］. Journal of Basic and Applied Scientific Research，2012，2（2）：1557-1560.

附　录

附录 1　中国传统村落在三大旅游板块主体区的分布

		第一批	第二批	第三批	第四批	第五批
黄河旅游板块（共57个）	运城市（8个）	万荣县高村乡阎景村、永济市蒲州镇西厢村				垣曲县历山镇同善村、蒲掌乡西阳村、平陆县坡底乡郭原村、河津市樊村镇樊村堡村
	忻州市（6个）	河曲县旧县乡旧县村、偏关县万家寨镇万家寨村	偏关县万家寨乡老牛湾村		河曲县楼子营镇罗圈堡村、河曲县巡镇五花城堡村	保德县东关镇陈家梁村
	吕梁市（33个）	临县碛口镇李家山村、临县碛口镇西湾村、柳林县柳林镇贺昌村、柳林县三交镇三交村		临县三交镇孙家沟村、前青塘村、柳林县孟门镇冯家沟村、后冯家湾村、陈家湾乡高家塄村、石楼县南洼村、龙交乡君庄村	兴县高家村镇碧村、临县林家坪镇南圪垛村（含沙垣村组）、招贤镇碛塄家坡村、碛口镇寨则山村、柳林县王家沟乡曹家塔村、西家沟乡兴隆湾村、石楼县义牒镇义牒村	临县招贤镇小塔则村、曲峪镇白道峪村、碛口镇垣上村、碛口镇白家山村、柳林县三交镇下塔村、孟门镇西坡村、成家庄镇家沟村、穆村镇槐村第二村、柳林镇军渡村、薛村镇西王家沟乡同家沟村、陈家湾乡大庄村、冯家庄村康家塄村、石楼县义牒镇留村
	临汾市（10个）			乡宁县关王庙乡鼎石村、尔坡村	乡宁县关王庙乡康家坪村、关王庙乡安汾村、关王庙乡鹿凹峪村、关王庙乡下川村、关王庙乡后庄村、关王庙乡上川村	乡宁县关王庙乡前庄村、昌宁乡石鼻村

续表

		第一批	第二批	第三批	第四批	第五批
长城旅游板块（共56个）	大同市（16个）	天镇县新平堡镇新平堡村，灵丘县红石塄乡觉山村		新荣区堡子湾乡得胜堡村，浑源县永安镇神溪村	新荣区郭家窑乡助马堡村，天镇县谷前堡镇水磨口村，广灵县蕉山乡殷家庄村，大同县杜庄乡落阵营村，许堡乡许堡村	天镇县谷前堡镇白羊口村，马家皂乡安家皂村，广灵县壶泉镇涧西村，灵丘县独峪乡花塔村，云冈区西韩岭乡徐疃村，云冈区高山镇高山村
	忻州市（28个）	宁武县涔山乡王化沟村，繁峙县神堂堡乡王家庄村，杏园乡公主村，横涧乡平型关村，河曲县旧县乡旧县村，岢岚县大涧乡寺沟会村，宋家沟乡北方沟村，偏关县天峰坪镇寺沟村，万家寨镇万家寨村	宁武县涔山乡小石门村，偏关县万家寨镇老牛湾村	静乐县赤泥洼乡龙家庄村	五台县豆村镇东会村，五台县东冶镇槐荫村，五台县东冶镇永安村，繁峙县神堂堡乡韩庄村，繁峙县王家庄乡岩头村，岢岚县王家岔乡王家岔村，河曲县楼子营镇罗圈堡村，河曲县巡镇五花城堡村，定襄县宏道镇北社东村	定襄县宏道镇西社村，宁武县东寨镇一马营村，宁武县迭台寺乡西沟村，五台县豆村镇闫家寨村，原平市东社镇王东社村，原平市中阳乡大阳村，原平市王家庄乡南怀化村，保德县东关镇陈家梁村
	朔州市（12个）			山阴县张家庄乡旧广武村	朔城区南榆林乡青钟村，朔城区南榆林乡王化庄村，平鲁区高石庄乡七墩村，右玉县李达岔乡破虎堡村	应县南河种镇小石口村，大临河乡北楼口村，朔城区北旺庄街道新安庄村，山阴县北周庄镇燕庄村，马营庄乡故驿村，怀仁市云中镇中街村，河头乡王皓疃村

太行旅游板块（共304个）	大同（6个）	阳泉（45个）	长治（50个）
	灵丘县红石塄乡觉山村	郊区义井镇小河村，义井镇大阳泉村	平顺县石城镇东庄村，石城镇岳家寨村
	浑源县永安镇神溪村	郊区平坦镇官沟村，平定县冠山镇西锁簧村，东回镇瓦岭村，娘子关镇娘子关村，上董寨村，下董寨村，盂县梁家寨乡大水村	平顺县虹梯关乡虹霓村，阳高乡奥治村
	广灵县壶泉镇涧西村，灵丘县独峪乡花塔村	郊区荫营镇辛庄村，平定县冠山镇冶西村，张庄镇西池村，石门口乡乱流村，巨城镇南庄村，巨城镇上盘石村、张庄镇桃叶村，盂县孙家庄镇乌玉村	平顺县白杨坡村，石城镇上马村，东寺头乡神龙湾村，北社乡西社村，黎城县上遥镇河南村，停河铺乡霞庄村
		广灵县焦山乡段家庄村，焦山乡西焦山村	平顺县石城镇豆峪村，石城镇岳家村，黎城县东阳关镇东黄岩村，西井镇东崂坨村
		平定县娘子关镇新关村，平定县巨城镇下盘石村，平定县石门口乡西郊村，平定县盆口乡冯家峪村，平定县盆口乡大前村，平定县巨城镇岩会村，平定县巨城镇移穰村	平顺县石城镇黄花村，石城镇蝈岩村，黎城县东阳关镇枣镇村
		阳泉市郊区荫营镇三都村，盂县梁家寨乡大洼村，梁家寨乡石家塔村，梁家寨乡路驼村，梁家寨乡黄树岩村，平定县东回镇七亘村，东回镇南峪村，娘子关旧关村，娘子关镇会里村，巨城镇西岭村，巨城镇下马都头村，张庄镇土岭头村，张庄宁艾村，张庄镇张庄村，柏井镇柏井一村，柏井镇柏井四村，柏井镇白灰村，石门口乡大石门村，锁簧镇东锁簧村	黎城县东阳关镇长宁村，洪井乡孔家峧村，西井镇仵仟村，潞城区晋店镇寨上村，壶关县晋庄镇东七里村，树掌镇大会村，树掌镇河村，平顺县北耽车乡安乐村，北耽车乡实会村，石城镇恭水村

续表

		第一批	第二批	第三批	第四批	第五批
太行旅游板块（共304个）	长治（50个）	平顺县石城镇东庄村、石城镇岳家寨村	平顺县虹梯关乡虹霓村、阳高乡奥治村	壶关县树掌镇芳岱村、东井岭乡崔家庄村	壶关县百尺镇西岭底村、店上镇瓜掌村，树掌镇神北村，武乡县蟠龙镇砖壁村、石盘农业开发区泉之头村，潞城市黄牛蹄乡辛安村、潞城市黄牛蹄乡土脚村	石城镇流吉村、石城镇岔上村、石城镇老申峧村、石城镇苇水村、石城镇豆口村、石城镇遮峪村、阳高乡龙柏庵村、阳高乡椰树同村、虹梯关乡侯壁村、阳高乡车当村、阳高乡王家峪村、武乡县韩北乡王家峪村
	晋城（166个）	高平市河西镇苏庄村、原村乡良户村，马村镇大周村，米山镇米西村，陵川县西河底镇积善村，泽州县晋庙铺镇拦车村、北义城镇西黄石村，阳城县北留镇郭峪村、北留镇皇城村、润城镇上庄村，沁水县嘉峰镇窦庄村、土沃乡西文兴村，泽州县郑村镇湘峪村	泽州县周村镇周村，泽州镇天井关村，泽州县大阳镇东街村，泽州县大阳镇西街村	阳城县凤城镇南安阳村，阳城县北留镇尧沟村，阳城县润城镇屯城村，阳城县河北镇孤堆底村，陵川县附城镇田庄村，泽州县大东沟镇东沟村，泽州县周村镇石淙头村，泽州县山河镇洞八岭村，泽州县南岭乡段河村	阳城县润城镇中庄村，阳城县润城镇润城村，阳城县润城镇上伏村，阳城县河北镇匠礼村，陵川县礼义镇义门村，陵川县附城镇东街村，陵川县附城镇复壁村，陵川县附城镇丈河村	高平（39个）：东城街道店上村、南城街道北陈村、上韩庄村、上韩镇孝义村、三甲镇北庄村、赤祥村邢村、神农镇邱村、赵家山村、团西村、团东村、陈区镇铁炉村、中庙村、北诗镇丹水村、东吴庄村、龙尾村、河西镇回山村、河西镇陈河村、下庄村、焦河村、马村镇陈庄村、东嘓村、牛村、马村、东宅村、古寨村、唐东村、野川镇杜寨村、长平村、寺庄镇高良村、寺庄村、王报村、建宁乡邵庄村、王降村、建南乡李家河村、石末乡瓮庄村

太行旅游板块（共304个）	晋城（166个）				
	高平市河西镇苏庄村、原村乡良户村、马村镇大周村、米山镇米西村、陵川县西河底镇积善村、泽州县晋庙铺镇拦车村、义城镇西黄石村、阳城县北留镇郭峪村、北留镇皇城村、沁水县西文兴村、窦庄镇上庄村、嘉峰镇土沃乡西文兴村、郑村镇湘峪村	泽州县周村镇周村、晋庙铺镇天井关村、泽州镇西黄石村、泽州县大阳镇东街村、泽州县大阳镇西街村	泽州县南村镇冶底村、高平市河西镇新庄村、高平市寺庄镇伯方村、沁水县嘉峰镇郭北村、沁水县嘉峰镇郭南村	陵川县西河底镇黄庄村、陵川县杨村镇平居村、陵川县六泉乡浙水村、陵川县六泉乡六泉村、陵川县秦家庄乡侯家庄村 泽州县大东沟镇贺坡村、泽州县犁川镇成庄村、泽州县晋都铺镇窑掌村、泽州县高都镇董获村、泽州县大箕镇金汤寨村、泽州县大箕镇秋木洼村、李寨乡陟椒村、泽州县南岭乡葛万村 高平市河西镇永宁寨村、高平西河西李门村、河西镇常乐村、马村镇东周村、马村镇西周村、建宁乡建北村、寺庄镇伯方村、建宁乡石末村、候庄村、原村乡原村村、下马游村、沁水县中村镇上阁村、端氏镇端氏村、嘉峰镇殷涝村、嘉峰镇武安村	**阳城（17个）：** 东冶镇月院村、东冶镇西冶村、北留镇史山村、大桥村、石苑村、章训村、横河镇中寺村、受益村河北镇下交村、润城镇河头庄村北音村王村、白桑乡洪上村、白桑乡通义村、周隆乡府底村、周隆村 **泽州县（32个）：** 下村镇上村村、南岭乡东泉下村、李沟村漏道底村白背村、裴凹村、周村、陈河村、黄砂底村、周村镇杨山村、大东沟镇岭南村、西注村、贾泉村、辛壁村、黑泉沟村、大箕镇两谷坨村、南岭村、南河底村大阳镇一分街村、四分街村、李家庄村、都家山村、川底乡董山村、巴公镇渠头村、晋庙铺镇小口村、黑石岭村、柳树口镇南庄村、犁川镇西沟村、马寨村、金村镇水北村、高都镇岭上村、薛庄村 陵川县西河底镇张仰村、现岭村、附城镇西溢泉村、沁水县中村镇蒲泓村、中村镇张马村、端氏镇坪上村、土沃乡塘坪村、南阳村、交口村

续表

		第一批	第二批	第三批	第四批	第五批
太行旅游板块（共304个）	晋中（26个）		和顺县李阳镇回黄村	昔阳县界都乡长岭村	榆社县河峪乡下赤峪村，昔阳县乐平镇西沟村、皋落镇北岩村、大寨镇大寨村、赵壁乡楼坪村、孔氏乡三教河村；寿阳县宗艾镇下洲村、宗艾村、西洛镇南东村、南河村、林家坡村、杏凹村、平舒乡龙门河村	寿阳县宗艾镇神武村神尖山村、宗艾镇荣生村周家垴村、尹芝镇尹灵村芝村、尹芝镇郡王庄村、羊头崖乡西洛草庄村、西洛镇寨木村；昔阳县乐平镇北掌村、乐平镇李家沟村、界都乡前车掌村；榆社县云簇镇桃阳村
	忻州（11个）	繁峙县神堂堡乡茨沟营村、杏园乡公主村、横涧乡平型关村			五台县豆村镇东会村、东冶镇永安村、宏道镇西社村；定襄县宏道镇北社东村、繁峙县神堂堡乡韩庄村、岩头乡岩头村	定襄县宏道镇西社村；五台县豆村镇闫家寨村

附录 2 中国传统村落在三大旅游板块关联区的分布

		第一批	第二批	第三批	第四批	第五批
黄河旅游板块（共94个）	忻州市（1个）			静乐县赤泥洼乡龙家庄村		
	吕梁市（34个）	交口县双池镇西庄村		离石区枣林乡彩家庄村，交口县桃红坡镇西庄村，交口县回龙乡明志沟村，孝义市新义街道贾家庄村，崇文街道宋家庄村，高阳镇白璧关村	离石区吴城镇街上村，文水县凤城镇前周村，棚窝镇北徐村，刘胡兰镇刘胡兰村，下曲镇北辛店村，方山县峪口镇张家塔村，交口县康城镇康城村，龙乡韩家沟村，孝义市龙阳镇临水村，下堡镇临昔顾官窑村，下堡镇昔顾村，汾阳市杏花村镇东堡村，阳城乡虞城村	离石区交口街道朴家山村，文水县凤城镇南徐村，孝义镇上贤村，马西乡神堂村，交城县天宁镇磁窑村，夏家营镇段村，中阳县武家庄镇刘家圪垛村，孝义市高阳镇高阳村，高阳镇小垣村，汾阳市三泉镇三泉村，三泉镇东赵村，南马庄村，三泉镇东堡村，峪道河镇下张家庄村
	临汾市（17个）	汾西县僧念镇师家沟村，襄汾县新城镇丁村，汾城镇西中黄村，陶寺乡陶寺村		蒲县黑龙关村，化乐村，霍州市退沙街道许村	汾西县团柏乡下团柏村，襄汾县景毛乡北李村	洪洞县曲亭镇上寨村，万安镇韩家庄村，万安镇万安村，霍州市退沙街道沙村，大张镇贾村，三教乡库拔村，襄汾县新城镇伯玉村，古城镇京安村，襄陵镇黄崖村
	运城市（7个）	新绛县泽掌镇光村		稷山县西社镇马跑泉村，清河镇北阳城村	新绛县北张镇西庄村，泉掌镇泉掌村	闻喜县郭家庄镇陈家庄村，稷山县翟店镇西位村
	太原市（3个）	晋源区店头村			晋源区程家峪村	晋源区赤桥村

续表

		第一批	第二批	第三批	第四批	第五批
黄河旅游板块（共94个）	晋中市（32个）	平遥县岳壁乡梁村、介休市龙凤镇张壁村、灵石县两渡镇冷泉村、夏门镇夏门村	平遥县段村镇普洞村、灵石县静升镇静升村、静升镇董家岭村、南关村	平遥县段村镇段村、介休市龙凤镇南庄村、灵石县英武乡雷家庄村	平遥县段村镇横坡村、岳壁乡西源祠村、朱坑乡鲁寨村、介休市张兰镇旧新堡村、连福镇张良村、连福镇焦家堡村、绵山镇兴地村、绵山镇小靳村	平遥县东泉镇东泉村、东泉镇彭坡头村、朱坑乡六河村、介休市张兰镇新堡村、张兰镇史村、张兰镇旧堡村、绵山镇洪山村、绵山镇大靳村、义棠镇田村
	吕梁市（1个）				兴县高家村镇碧村	
长城旅游板块（共212个）	阳泉市（45个）	郊区义井镇小河村、义井镇大阳泉村	郊区平坦镇官沟村、平定县冠山镇瓦岭村、西回镇娘子关镇娘子关村、上董寨村、下董寨村、盂县大汖村	郊区荫营镇辛庄村、平定县冠山镇冶西村、宋家庄村、羊池村、东回镇乱流村、娘子关镇南庄村、巨城镇南庄村、巨城镇上盘石村、张庄镇桃叶坡村、盂县孙家庄村、乌玉村	平定县（7个）：娘子关镇新关村、下盘石村、巨城镇移穰村、巨城镇岩会村、石门口乡西郊村、岔口乡冯家岭村、岔口乡大前村	郊区荫营镇三都村、西南舁乡大洼村、平定县（16个）：锁簧镇东锁簧村、张庄镇土岭头村、张庄镇下马郡头村、张庄镇马山村、宁艾村、东回镇七亘村、东回镇柏井四村、柏井镇柏井一村、柏井镇柏井河北村、白灰村、娘子关镇河北村、娘子关镇旧关村、会里村、西峰村、石门口乡大石门村、盂县梁家寨乡路驼道村、梁家寨乡石家塔村、梁家寨乡黄树岩村

长城旅游板块（共212个）					
晋中市（11个）	昔阳县乐平镇李家沟村、乐平镇北掌城村、界都乡前车掌村	昔阳县乐平镇西南沟村、洛镇北岩村、大寨镇大寨村、赵壁乡楼坪村、赵壁乡东寨村、孔氏乡三教河村	昔阳县界都乡长岭村	和顺县李阳镇回黄村	
长治市（17个）	黎城县东阳关镇长宁村、西井镇新庄村、西井镇仔伴村、洪井乡孔家峧村、壶关县晋庄镇乐七里村、树掌镇河东村、树掌镇大会村	黎城县东阳关镇枣村、西井镇东骆驼村、壶关县百尺镇西岭底村、店上镇瓜掌村、树掌镇神北村	黎城县上遥镇河南村、停河铺乡霞庄村、壶关县树掌镇芳岱村、东井岭乡崔家庄村		
晋城市（138个）	泽州县（2个）晋庙铺镇拦车村、北义城镇西黄石村 陵川县（1个）西河底镇积善村	泽州县（4个）周村镇周村、晋庙铺镇天井关村、大阳镇东街村、大阳镇西街村	泽州县（4个）大东沟镇东沟村、山河镇石岱头村、南岭乡段河村、南村镇冶底村、陵川县附城镇丈河村、高平市河西镇西田庄村、新庄村、沁水县嘉峰镇郭北村、嘉峰镇郭南村	泽州县（9个）大东沟镇贺坡村、犁川镇成庄村、晋庙铺镇碗子村、高都镇善获村、大阳镇南沟村、大箕镇秋木洼村、李寨乡葛万村 陵川县（9个）礼义镇平川村、附城镇夏壁村、礼义镇东街村、西河底镇西居村、杨村镇平居村、六泉乡浙水村、六泉乡侯家庄村	泽州县（32个）下村镇上村村、大东沟镇贾泉村、岭南村、大东沟镇辛壁村、黑泉沟村、西洼村、周村镇杨山村、犁川镇西沟村、马寨村、晋庙铺镇黑岭石村、小口村、金村镇水北村、高都镇铺岭村、薛庄村、巴公镇镇头村、大阳镇一分街、四分街村、李家村、都家山村、谷坨村、两谷坨村、柳树口镇南岭村、川底乡李沟村、董山村、南岭乡南岭村、陈河村、白背村、黄砂底村、宋泉村、漏道底村、周庄村、裴凹村

续表

		第一批	第二批	第三批	第四批	第五批
长城旅游板块（共212个）	晋城市（138个）	泽州县（2个）晋庙铺镇拦车村、北义城镇西黄石村　陵川县（1个）西河底镇积善村　高平市（4个）河西镇苏庄村、原村乡良户村、马村镇大周村、米山镇米西村　沁水县（3个）嘉峰镇窦庄村、土沃乡西文兴村、郑村镇湘峪村	泽州县（4个）周村镇周村、晋庙铺镇天井关村、大阳镇东街村、大阳镇西街村	泽州县大东沟镇东沟村、山河镇石淙头村、南河村、南村镇冶底村　陵川县附城镇田庄村　高平市河西镇新庄村、镇伯方村　沁水县嘉峰镇郭北村、嘉峰镇郭南村	高平市（11个）河西镇永宁寨村、河西镇西李门村、河西镇常乐村、马村镇东周村、马村镇周村、建宁乡建北村、石末乡石末村、石末乡侯庄村、原村乡原村村、原村乡下马游村　沁水县（5个）中村镇上阁村、嘉峰镇嘉峰村、端氏镇端氏村、嘉峰镇迟安村、嘉峰镇武安村	陵川县附城镇西瑶泉村、西河底镇张仰村、西河底镇现岭村　高平市（39个）东城街道店上村、南城街北庄村、米山镇孝义村、上韩庄村、上庄村、赤祥村、邢村、三甲镇家山村、神农镇邸村、故关村、团东村、团西村、中庙村、陈区镇炉村、北诗镇东宅村、东吴庄村、龙尾村、下河村、丹水村、河西镇回山村、河西河头、牛村、马村、马村镇焦河村、东嘴山村、东宅村、寺庄村　野川镇朴寨村、寺庄镇长平村、古寨村、马家河村、唐东村、金山村、建宁乡郝庄村、建宁乡李家河村、石末乡瓮庄村　沁水县中村镇蒲泓村、端氏镇蒲坪上村、张沃乡张村、土沃乡交口村、郑庄村、南阳村、交口村
太行旅游板块（共113个）	忻州市（4个）			静乐县赤泥洼乡龙家庄村		原平市中阳乡大阳村、王家庄乡南怀化村、东社镇王东社村

太行旅游板块（共113个）	晋中市（51个）	榆次区东赵乡后沟村、太谷县北洸乡北洸村、平遥县岳壁乡梁村、灵石县两渡镇冷泉村、镇夏门村、介休市龙凤镇张壁村	榆次区东阳镇车辋村、祁县东观镇乔家堡村、平遥县段村镇谷恋村、普洞村、灵石县静升镇静升村、镇董家岭村、南关村	平遥县段村镇落村、灵石县英武村、富家庄村、介休市龙凤镇南庄村	榆次区什贴镇小寨村、长凝镇相立村、太谷县阴邑乡阳邑村、小白乡白燕村、祁县古县镇孙家河村、贾令镇贾令村、来远镇唐河底村、峪口乡上庄村、平遥县段村镇横坡村、岳壁乡西源祠村、普壁乡东源村、介休市张兰镇朱坑乡喜村、张兰镇新堡村、板峪岭村、张良村、旧新堡村、连福镇刘家山村、兴地村、绵山镇焦家堡村、小靳村
					太谷县范村镇上安村、侯城乡范家庄村、水秀乡北郭村、祁县贾令镇沙堡村、城赵镇修善村、来远镇盘陀村、平遥县东泉镇东泉村、东泉镇彭坡头村、朱坑乡六河村、家滩村、介休市张兰镇新堡村、兰镇史村、张兰镇下李候村、兰镇旧堡村、洪山镇、张兰镇大靳村、镇洪山村、绵山镇大靳村、义棠镇田村
	长治市（19个）	长治县八义镇八义村、贾掌镇西岭村		郊区西白兔乡中村、长治县荫城镇荫城村	长治县荫城镇琚寨村、南乡南末村、长子县慈林镇南张店村、沁源县王和镇古寨村
					沁源县南里乡唐村、沁源县灵空山镇下兴居村、王和镇大栅坡村、上党区荫城镇棗梓一村、棗梓二村、西火镇西沟队队村、东火村、平家庄村、八义镇张家沟村、南末乡大义掌村、南末乡赵村
	太原市（1个）		阳曲县侯村乡青龙镇村		
	运城市（4个）				绛县古绛镇柴家坡村、古绛镇南城村、古绛镇尧寓村、大交镇续鲁峪村北坂村

续表

		第一批	第二批	第三批	第四批	第五批
太行旅游板块（共113个）	临汾市（34个）	襄汾县新城镇丁村、汾城镇西中黄村、陶寺乡陶寺村		霍州市退沙街道许村	襄城县西贾镇古桃园村、西贾镇曹公村、襄汾县景毛乡北李村、浮山县响水河镇东陈村	曲沃县乐昌镇安吉村、曲村镇曲村、里村镇石滩村、北董乡南林交村、襄城县唐兴镇城内村、隆化镇史伯村、隆化镇尧都村、隆化镇南撖村、隆化镇下石门村、桥上镇撖庄村、西陶镇西闾村、西陶镇西闾村、西陶镇堡子村、西陶镇兴石村、西陶镇十河村、西陶镇大河村、十银村、西陶镇青城村、浇底乡青城村、襄汾县新城镇伯玉村、古城镇京安村、洪洞县曲亭镇上苏村、襄陵镇黄崖村、万安镇万安村、万安镇万安村、霍州市韩家庄村、霍州市退沙街道退沙村、大张镇贾村、三教乡库拔村